Faça o teu melhor!

MARIO SERGIO CORTELLA

Faça o teu melhor!

Aprimorar a Competência

Recusar a Mediocridade

Exuberar a Vida

Planeta

Copyright © Mario Sergio Cortella, 2025
Copyright © Editora Planeta do Brasil, 2025
Todos os direitos reservados.

Edição para o autor: Paulo Jebaili
Preparação: Bonie Santos
Revisão: Fernanda Guerriero Antunes e Valquíria Matiolli
Capa, projeto gráfico e diagramação: Daniel Justi

Dados Internacionais de Catalogação na Publicação (CIP)
Angélica Ilacqua CRB-8/7057

Cortella, Mario Sergio
   Faça o teu melhor/Mario Sergio Cortella. São Paulo: Planeta do Brasil, 2025.
   160 p.

ISBN: 978-85-422-2989-9

1. Desenvolvimento pessoal I. Título

24-5326   CDD 158.1

Índice para catálogo sistemático:
1. Desenvolvimento pessoal

MISTO
Papel | Apoiando o manejo florestal responsável
FSC® C005648

Ao escolher este livro, você está apoiando o manejo responsável das florestas do mundo e outras fontes controladas

2025
Todos os direitos desta edição reservados à
Editora Planeta do Brasil Ltda.
Rua Bela Cintra, 986, 4º andar – Consolação
São Paulo – SP – 01415-002
www.planetadelivros.com.br
faleconosco@editoraplaneta.com.br

"Faça o teu melhor, nas condições que você tem, enquanto não tem condições melhores para fazer melhor ainda"

M. S. CORTELLA

apresentação

"Põe quanto és / no mínimo que fazes", **8**

1
O risco da mediocridade, **14**

2
O melhor, com ética e estética, **24**

3
Síndrome do possível, **32**

4
Decisão para a vida, **42**

5
Os ossos e os ofícios, **52**

6
Quem se acha perde, **62**

7
Aprender com as diferenças, **70**

8
Tudo não é 100%, **80**

9
Caprichar ou desleixar, é só deixar, **88**

10
Biópsia × autópsia, **98**

11
Memórias e propósitos, **108**

12
Nas condições que você tem, **118**

13
Ai, que preguiça..., **126**

14
Posso ter satisfação (ou não), **136**

15
Pratos em equilíbrio, **144**

valeu!, 154

apresentação

"Põe quanto és /
no mínimo que fazes"

EU BRINCO QUE alguém como o poeta português Fernando Pessoa (1888-1935) teria que ser sempre mencionado no plural. Deveríamos dizer "Fernando Pessoas", tal a profusão de arte, criação e encantamento que ele nos proporciona por meio de seus diversos heterônimos.

Nascido e falecido em Lisboa, Pessoa, em seu poema "Mar Português", publicado na obra

Mensagem, escreveu o célebre verso: "Tudo vale a pena se a alma não é pequena". Essa ideia marca a trajetória de muitas pessoas com necessidades, alegrias, urgências, propósitos. Afinal, se há algo que não devemos cultivar é a alma pequena. Tal qual a vida pequena, a ação pequena, a afetividade pequena, a competência pequena.

Entre os vários heterônimos de Fernando Pessoa – como Álvaro de Campos, Alberto Caeiro, Bernardo Soares –, o de Ricardo Reis é aquele que mais expressa a concepção estoica de Pessoa.

A filosofia estoica, da qual sou admirador, mas não adepto, prega a noção de indiferença, aquilo que no grego antigo era a *apatheia*, a apatia, isto é, a noção de não sofrer nem com as paixões que encantam, nem com as paixões que ferem. Algo na linha de "siga na tua vida", porque, do contrário, qualquer tipo de emoção mais intensa, qualquer tipo de esperança mais marcante, te fará sofrer.

Por isso, a indiferença é um modo de não ter perturbação tão densa, na visão estoica. Essa concepção filosófica se encontra presente na obra de Fernando Pessoa, pelo heterônimo de Ricardo Reis.

Em 1972, quando preparava o meu ingresso no curso de Filosofia, que aconteceu no ano seguinte, tomei contato com versos de Ricardo Reis por intermédio de um professor de Literatura, curiosamente também chamado Fernando. Ele leu a ode de Ricardo Reis, escrita em fevereiro de 1934, um ano antes da morte de Fernando Pessoa, que diz: "Põe quanto és / no mínimo que fazes".

Fiquei espantado com a força desses versos, que, desde então, marcaram a minha trajetória. Tanto que acabaram inspirando o mote central desta obra, que é: Faça o teu melhor. A concepção deste livro está baseada na seguinte proposta: **Faça o teu melhor, nas condições que você tem, enquanto não tem condições melhores para fazer melhor ainda.**

Isto é, em tudo o que fizermos, por menor que seja, devemos ser capazes de colocar o quanto somos. E esse "quanto" significa colocarmo-nos por inteiro, não de um modo comedido, acanhado, pequeno, mas com o que temos de melhor.

Essa ideia de Ricardo Reis marca a possibilidade de imaginarmos que tudo vale a pena se a alma não for pequena. Claro, desde que sejamos capazes de elevar a nossa competência, a nossa qualidade de convivência, e de caminharmos para aquilo que é o melhor. Não o melhor do mundo, mas o melhor que cada um de nós pode oferecer ao mundo, e que destaca de modo inequívoco a opção de afastarmos o risco da mediocridade.

Vale recordar a passagem no Livro do Apocalipse que diz que "Deus vomitará os mornos". Dentro da perspectiva aqui apresentada, a crença importa menos, uma vez que o aspecto da religião é decorrente de uma decisão individual. Entretanto, a reflexão que vem com o teor dessa sentença nos pode ser bastante relevante.

Afinal, o que é uma pessoa morna? É aquela que não é nem sim nem não. Nem mais nem menos. Alguns diriam "mas, então, é uma pessoa equilibrada". Não é essa a lógica. Há uma diferença entre ser equilibrado e ser morno. O equilíbrio não é ficar no caminho do meio, é ser capaz de ir aos extremos e não se perder. Ser morno é não ser quente nem frio. Portanto, a "mornidade" é um sinal de mediocridade.

Por isso, os versos de Ricardo Reis são um antídoto para afastar o risco da mediocridade: "Põe quanto és / no mínimo que fazes".

Cautela! O melhor exige a decência no resultado e na ação, para cada pessoa e de cada pessoa. Não é o "melhor" se for indecente, pois não é ser melhor do que as outras pessoas, e sim ser melhor também para as outras pessoas! Não é um estímulo, inclusive, a fazer o pior do melhor modo; é um propósito de fazer o melhor para o todo!

1
O risco da mediocridade

> *"Saber o que é certo e não o fazer*
> *é falta de coragem"*
>
> **CONFÚCIO**
> (551 a.C.-479 a.C.), pensador chinês

INICIEI MINHA TRAJETÓRIA escolar em Londrina, cidade no norte do Paraná onde nasci. Na época, havia uma ferramenta de desempenho escolar chamada caderneta. Nela constavam as faltas, as presenças, as notas, além de eventuais comunicados. A cada dois meses, o pai ou a mãe precisava assinar a caderneta. Era uma forma de a instituição de ensino se certificar de que a pessoa responsável estava ciente do desempenho do aluno ou da aluna. Além do mais, se a caderneta não estivesse assinada, o(a) estudante não podia entrar na escola no dia seguinte.

Assim, eu mostrava a caderneta com as minhas notas para o meu pai, Antonio, ou para a minha mãe, Emília. Numa gradação de zero a dez, vez ou outra eu tirava cinco, a nota mínima para passar. Lembro claramente da expressão de desaprovação estampada no rosto do meu pai ao olhar aquele boletim:

— Filho, o que é isso? Tirou 5,5 em História; 5 em Português; 5 em Matemática?

— Ah, pai, mas deu pra passar.

— "Deu pra passar?" Lamento, isso é ser medíocre. Você tem condições de fazer melhor.

Foram observações como essas que constituíram em mim a percepção de que a mediocridade pode se tornar um hábito. Uma vez introjetada, a ausência de capricho, de empenho, pode se transformar em um modo de ser no mundo. O contentar-se com o mínimo suficiente, com o "deu pra passar", vai nos deixando "mornos".

A vida vai passando e vamos nos acostumando com essa "mornidade". Mornos com os estudos, mornos com o trabalho, mornos com o autodesenvolvimento, mornos com o meio ambiente, mornos com os afetos, mornos com a cidadania. E essa atitude pode acarretar um risco ainda maior: o de baixarmos a régua e nos acostumarmos com o podre.

Exemplo? Em 1967, minha família mudou-se de Londrina para São Paulo, a maior cidade do Brasil. Fundada em 1554, a capital paulista se tornou uma metrópole, com aproximadamente 11,4 milhões de habitantes, segundo o Censo 2022 do IBGE.

Pela cidade passam vários rios, alguns subterrâneos. Dois deles, porém, o Pinheiros e o Tietê, são muito extensos e se tornaram referência para o trânsito da cidade, já que por suas marginais passam milhares de veículos todos os dias. Pois bem, no final da década de 1960, quando cheguei a São Paulo, aos 13 anos de idade, esses dois rios eram navegáveis. Era possível nadar, pescar, como fazíamos eu, meu irmão e meu pai. Havia vários clubes de remo e de natação às margens desses rios.

Atualmente esses dois rios estão mortos. Eles fedem e, em alguns pontos, a água não corre, ela chega a ser pastosa, tal como uma mousse podre. O que aconteceu? Com a nossa omissão, a nossa passividade, a nossa acomodação, nós deixamos esses dois grandes rios morrerem aos poucos. A nossa mediocridade coletiva levou a esse triste desdobramento.

Nossa capacidade de nos acomodarmos e de nos conformarmos com o deletério é tão significativa que passamos a normalizar situações absurdas. A tal ponto que, quando saímos do Aeroporto Internacional de São Paulo e seguimos pela marginal do rio Tietê, aquele fedor exalado é um sinal de que "chegamos em casa".

Algo semelhante acontece na cidade do Rio de Janeiro, cujo aeroporto internacional fica na Ilha do Governador, com um mangue fétido nos seus arredores. Assim que a porta do avião é aberta e vem aquele cheiro horrendo, bate a sensação de "ah, já estou em casa".

Esse é um indicativo forte de que nós nos habituamos com o podre e nem sempre notamos as degradações no nosso cotidiano. A nossa omissão, a nossa inação, a nossa letargia fazem com que os episódios negativos se avolumem e tomem grandes proporções. Pior que o fato de esses rios estarem mortos é nós termos nos conformado a essa condição.

Por isso cito com frequência um alerta dado pelo Corpo de Bombeiros: "Nenhum incêndio começa grande". Sempre inicia com uma faísca, uma fagulha, uma chispa. Isso vale para a política, para o afeto, para a educação de crianças e jovens, para a nossa capacidade de convivência, para a nossa relação com o lugar onde vivemos.

É preciso ter cuidado, pois a mediocridade é uma ameaça à vida!

Uma das melhores formulações para impedir o mergulho na mediocridade vem do escritor alemão Goethe (1749-1832): "Se alguma coisa tem de ser feita, então, que seja bem-feita". Numa leitura mais apressada, essa ideia pode até parecer óbvia, mas definitivamente não o é. Goethe coloca essa referência para que sejamos capazes de fazer o melhor nas condições que temos. Isso significa empregar o nosso esforço, a nossa energia naquilo que precisa ser feito. Se formos realizar algo, que o façamos da melhor maneira que pudermos.

Até porque isso envolve um elemento crucial que será consumido nessa dedicação: o nosso tempo. Um bem especialmente valioso, uma vez que o nosso tempo coincide com a nossa vida. Portanto, ao fazer algo, destinamos um pedaço da nossa vida àquilo.

Nesse momento, cabe relembrar outra frase, que cito com frequência, por sua grande capacidade de levar à reflexão: "A vida é muito curta para ser pequena", enunciada pelo político e pensador britânico Benjamin Disraeli (1804-1881). De fato, a vida é curta, em termos de extensão, mas isso não significa que ela deva ser pequena.

O tempo médio de vida hoje no planeta é de setenta e cinco anos. Pode até parecer bastante, em comparação com cem anos atrás, quando um indivíduo vivia aproximadamente quarenta e dois anos. Alguém pode até argumentar: "Ah, meu avô viveu noventa anos". Sim, mas quantos filhos ele perdeu? Quantas pessoas próximas a ele se foram precocemente por fatores que levavam à mortalidade infantil ou por falta de saneamento, por ausência de medicação etc.?

Fato é que a vida hoje dura em média setenta e cinco anos, pois nós temos uma condição de longevidade maior em função do desenvolvimento da ciência, de avanços na saúde pública e de melhores estruturas de saneamento. Ainda que essas condições estejam mais favoráveis, setenta e cinco anos é um período curto. Pode parecer muito quando a pessoa tem vinte ou trinta anos de idade. Quando você tem vinte anos, alguém com quarenta anos parece estar numa faixa etária distante. Quando faz quarenta anos, a casa dos sessenta ainda parece meio longe. Quando passa dos setenta, como é o meu caso, alguém de oitenta está logo ali.

Há uma passagem atribuída ao polímata italiano Leonardo da Vinci (1452-1519) em que, ao ser perguntado "Quantos anos você tem?", ele teria respondido: "Não sei. Já tive sessenta". O que o genial expoente do Renascimento quis dizer com isso? Que só podemos contabilizar os anos até o momento presente, não sabemos quanto tempo temos pela frente. Por isso, a vida não pode ser desperdiçada.

O escritor francês Victor Hugo (1802-1885), autor de obras como *Os miseráveis*, certa feita teria afirmado: "A vida já é curta, e nós a tornamos ainda mais curta, desperdiçando o tempo". E uma das coisas que mais produz desperdício de vida é a mediocridade. Porque a pessoa fica abaixo do que poderia ou deveria. Faz o mínimo necessário, quando poderia obter um resultado mais expressivo, mais exuberante.

De novo, com Ricardo Reis: "Põe quanto és / no mínimo que fazes". O mínimo aí não significa o pequenininho, o diminuto. O sentido é: por menor que seja a sua atividade ou a sua participação numa determinada empreitada, coloque-se por inteiro. Não economize o melhor de si mesmo. Isso tem a ver com a capacidade de sair do mínimo, ultrapassar aquilo que apequena e, assim, se afastar do território da mediocridade.

O que é uma pessoa medíocre? Não é a pessoa que está na média; essa é mediana. Medíocre é aquela que é mais ou menos – mais ou menos amiga, mais ou menos competente, mais ou menos comprometida, mais ou menos cidadã, mais ou menos casada. Uma pessoa mais ou menos é uma pessoa morna, aquela que não é quente nem fria.

Você conhece gente morna, gente que leva uma vida morna?

— Como é que está no trabalho?

— Ah, vamos levando...

— Como está a política da sua cidade?

— Vamos ver no que dá...

— Já se engajou na reivindicação da associação de moradores do bairro?

— Ah, tô esperando um pouco, de repente muda...

E o que afasta a "mornidade"? A habilidade de se aperfeiçoar aquilo que se faz, empregando capacidade intensa, em vez de se atuar mornamente naquilo que precisa ser feito.

Para quê? Para que o esforço seja compensado, para que a vida tenha mais valor e não seja desperdiçada. Como dizia o humorista cearense Chico Anysio (1931-2012): "Eu não tenho medo de morrer, eu tenho pena".

Claro, porque, de fato, a vida é curta. Então, se curta ela é, que não seja pequena.

2

O melhor, com ética e estética

> *"Sempre considerei as ações das pessoas como as melhores intérpretes dos seus pensamentos"*
>
> **JOHN LOCKE**
> (1632-1704), filósofo inglês

A DISPOSIÇÃO PARA fazer o melhor resulta de dois movimentos: um de natureza ética e outro de natureza estética. O primeiro movimento é interno e caracterizado pelo próprio prazer em fazer o melhor. Há uma energia erótica na intenção de empreender esforço em uma obra, em uma atividade, em um projeto. A perspectiva de obter um resultado expressivo é muito estimulante. Experimenta-se um gosto em fazê-lo.

Aquilo que é bem-feito não acontece somente porque alguém ordenou, tem muito mais a ver com a satisfação interna de concluir algo admirável. Há um componente ético envolvido nesse comportamento: a necessidade de fazer o melhor e de não ficar marcado pela mediocridade. É contemplar a própria obra como resultado de uma ação ou de uma sucessão de ações feitas com empenho. Já que eu vou fazer, então, que seja do meu melhor modo.

Essa ideia de contemplação não carrega qualquer tipo de petulância ou de arrogância, ela acontece de modo genuinamente prazeroso. "Este é o resultado da minha ação." Tal como alguém que cuida de plantas e se satisfaz em fruir a presença do belo naquele jardim. Daí a questão estética, no sentido de produzir o bom e o belo. O prazer da beleza como um afeto positivo. A estética também é algo que impulsiona pelo lado de dentro.

Está presente em gestos como o de arrumar a cama e dar uma puxadinha dos dois lados do edredom para ficar mais harmonioso. Eu, Cortella, ao ver um quadro torto, preciso ir lá arrumar. No hotel, ao pendurar a toalha sobre o boxe após o banho, sinto necessidade de ajeitar as laterais, para que ela fique simetricamente estendida.

Pode ser até que haja um componente de TOC (transtorno obsessivo-compulsivo) nesse comportamento, mas eu sinto satisfação nessa simetria. Não é casual que a estética e a geometria andem de braços dados desde a Grécia antiga. É um jeito de ordenar as coisas de um modo que seja agradável aos olhos. Isso tem a ver com o prazer da beleza da obra concluída. Por isso considero que esses movimentos são de natureza ética e estética.

Há uma frase antiga que diz que "a grande paga por um trabalho é tê-lo feito". O termo "paga" se refere à compensação. Evidentemente, essa ideia não anula o retorno econômico-financeiro que todo trabalho profissional precisa ter. O sentido mais fundo da frase é que o maior reconhecimento de um trabalho vem com a percepção de que o esforço empreendido gerou bom resultado.

Essa consciência do dever não é só porque alguém ordena. Em grande medida, ele aparece pelo senso de missão cumprida. Eu me dispus a fazer algo, me comprometi e, na circunstância que eu tinha, o fiz da melhor maneira que podia.

Eu me recordo que, por volta dos 12, 13 anos de idade, ao concluir um trabalho escolar, uma redação, eu era visitado por uma sensação de alegria. Mesmo que a tarefa às vezes fosse penosa, me causasse alguma irritação, eu tinha um certo gosto ao finalizá-la. Eu entrava numa espécie de repouso mental, por saber que houvera feito algo de forma competente. Essa sensação me acompanhou, mais tarde, na docência.

Lembro-me de ocasiões, após uma aula boa, em que permaneci algum tempo sentado na sala vazia, curtindo a satisfação de ter cumprido bem o meu papel naquela atividade. Porque é uma dupla gratificação: a primeira, vinda de mim mesmo, pela constatação de ter sido capaz de fazer bem aquilo que havia me proposto a fazer; a segunda, pelo reconhecimento das pessoas, portanto, a minha empreitada beneficiando uma coletividade.

Existe um aspecto importante nessa concepção: fazer o melhor não carrega a intenção de crescer sobre outras pessoas, mas se dá desse modo para que eu não me diminua. Trata-se, sobretudo, de eu não ser menos em relação a mim mesmo. Naquilo que eu consigo, que sei que tenho como potencial, não posso me limitar, me contentando em fazer menos.

Afinal, nós somos seres que exorbitamos, que saímos da nossa órbita; portanto, buscamos a melhor maneira de fazer algo. E, dado que teremos de fazê-lo, que seja do nosso melhor modo, porque isso nos eleva.

Em 2010, o escritor moçambicano Mia Couto publicou o livro *Pensageiro frequente*, com um conjunto de pequenos textos. É uma reunião de pensamentos contundentes e um dos mais sensíveis expressa a noção de que "ser criança é estar cheio de céu por cima". Uma definição magnífica!

Ter o céu como aquilo que desejamos alcançar. Aliás, a expressão usada comumente "o céu é o limite" traz a noção do céu como o patamar mais elevado.

A expressão "faça o teu melhor" remete ao desejo de mantermos o céu por cima, ou seja, a nossa referência daquilo que nos eleva, que nos coloca numa condição mais aperfeiçoada, bem distante da pasmaceira da mediocridade.

O sentido maior de "nas condições que você tem" está em entender a condição como circunstância eventualmente provisória, isto é, que não precisa de modo algum ser definitiva, constituindo-se como uma barreira intransponível e terminativa.

O que não se pode é deixar de fazer o melhor nas condições existentes, apenas por não ser a ideal ou desejada, pois isso seria tomar a condição como fronteira conclusiva, no lugar de ser uma possibilidade momentânea que pode ou não ganhar um movimento mais favorável adiante.

Lembro-me, por exemplo, de qualquer time de basquete que vá enfrentar a seleção estadunidense; embora a derrota seja previsível, a vitória não é impossível. E, mesmo sendo previsível não vencer, fazer o melhor nas condições existentes para o jogo prepara o futuro, aperfeiçoa a ação, eleva o brio, afasta a capitulação e recusa a resignação. Por isso, nas vezes em que me deparei com uma condição não completamente propícia para a execução de algum dever ou desejo, ter consciência dessa condição incompleta foi muito diferente de, em vista da incompletude, resignar-me ao inferior ou ínfimo de mim, caindo novamente no desalento do "O que eu posso fazer? As coisas são assim...".

Muitas são as histórias que encarnam o "nas condições que você tem" e, para todas elas, sempre vale lembrar o que o educador pernambucano Paulo Freire (1921-1997) dizia: "Se você não fizer hoje o que hoje pode ser feito, e tentar fazer hoje o que hoje não pode ser feito, dificilmente fará amanhã o que hoje deixou de fazer...".

3

Síndrome do possível

"Para o conformista, as relações humanas são essencialmente aquelas de autômatos alienados, cuja segurança baseia-se em permanecer o mais próximo possível do rebanho, sem se diferenciar no pensamento, no sentimento ou na ação"

ERICH FROMM
(1900-1980), psicanalista alemão

VÁRIAS VEZES NOS deparamos com a síndrome do possível no nosso cotidiano. O possível aparece como o caminho mais confortável, e é isso que o faz tão sedutor. Há pessoas que estão sempre no modo econômico, não no sentido do uso equilibrado de recursos, mas de parcimônia, de pouca disponibilidade, de baixo comprometimento, nas relações, no engajamento, na busca por soluções. Quando você apresenta algum desafio, elas dizem de modo desalentado: "Eu faço o que eu posso...".

— Nós temos de colocar mais intensidade na nossa atividade.

— Eu faço o que eu posso...

— Nós precisamos lutar por um meio ambiente mais preservado, menos poluído.

— Eu faço o que eu posso...

— Nós temos de nos empenhar para alcançar as metas.

— Eu faço o que eu posso...

— Nós precisamos ter uma família que seja mais protetiva.

— Eu faço o que eu posso...

Essa ideia do "Eu faço o que eu posso...", com reticências, é essencialmente desistente. Ela marca a postura da mediocridade. Há um outro modo de dizer, viver e sentir essa frase: no lugar de reticências, colocar um ponto de exclamação. Em vez de a frase ser "Eu faço o que eu posso...", ela se torna "Eu faço o que eu posso!". Isto é, eu não deixo de fazer o que pode ser feito.

Há uma diferença aqui. Quando digo "Eu faço o que eu posso...", estou abandonando a possibilidade de reforçar o empenho naquilo que é preciso ser feito. Já quando digo "Eu faço o que eu posso!", fica demarcada a minha intenção de fazer aquilo que pode ser feito e que não deixarei de fazer.

Aliás, pessoas que dizem muito "Eu faço o que eu posso...", quase sempre, diante de qualquer problema, usam a frase: "Que absurdo! Alguém tem que fazer alguma coisa!". Na família, na política, na escola, na empresa, no país. E quando você rebate com "E você, o que está fazendo?":

— Eu faço o que eu posso...

Eu gosto muito da marchinha "Taí (Pra você gostar de mim)". Gravada em 1930 pela cantora Carmen Miranda (1909-1955), tornou-se uma das mais populares do cancioneiro brasileiro, até hoje executada em bailes e blocos de Carnaval. De autoria do compositor e médico mineiro Joubert de Carvalho (1900-1977), "Taí" (por vezes grafada "Tahí") traz os versos: "Taí, eu fiz tudo pra você gostar de mim / Ai, meu bem, não faz assim comigo não / Você tem, você tem que me dar teu coração...".

O verso inicial da canção mostra que houve um empenho na aproximação amorosa. "Taí, eu fiz tudo pra você gostar de mim." Não "eu fiz um pouquinho", "eu fiz mais ou menos", "eu fiz de um jeito meio largado"... Não! A ideia na letra é "eu fiz tudo pra você gostar de mim". É o relato de alguém que fez tudo o que estava ao seu alcance, fez o melhor que poderia na circunstância em que se encontrava.

Se a pessoa amada não gostou, ainda assim, o "eu lírico" da canção fez tudo para que a relação afetiva acontecesse. Se a musa não gostou do pretendente apaixonado, não significa que ela fosse uma malvada, tampouco que o admirador fosse um imbecil. Seria ele imbecil se não tivesse feito tudo para ser gostado. Era esse o desejo dele. Mas aquilo que ele poderia fazer, o fez naquela condição.

Por isso, esse canto de Carmen Miranda marca a atitude do empenho, do esmero na busca do objetivo. É, sobretudo, um antídoto para o apequenamento da alma e um canto para que as coisas tenham a possibilidade de valer a pena.

Dentro dessa lógica, alguém poderia perguntar: "Mas para que eu vou fazer o meu máximo esforço se eu não tenho reconhecimento máximo?".

Antes de tudo, esse é um problema de quem não reconhece, não seu. Se for em uma empresa, é uma falha de gestão das mais graves, pois um dos principais fatores que levam à desmotivação de funcionários é justamente a falta de reconhecimento. E isso pode custar para a companhia no futuro, pois esse mesmo profissional, assim que surgir a oportunidade, não hesitará em aportar o seu talento em outro lugar.

Se for numa relação entre docente e estudante, expõe uma falha de quem ensina, pois um de seus principais atributos é iluminar os caminhos dos ensinados, reconhecendo os pontos fortes e auxiliando na superação das fragilidades. Se não fizer isso, terá falhado em seu papel, deixando de formar seus discentes da melhor maneira que poderia.

Ainda assim, pela perspectiva de quem é afetado pela ausência de reconhecimento, essa é uma reflexão sobre escolhas. "Será que eu, por não ter reconhecimento máximo, devo reduzir a minha ação?" Isso soa mais como vingança do que como atitude. "Então tá. Se 'eles' não entendem que eu estou fazendo o meu máximo esforço e me retornam pelo mínimo, então vou fazer o mínimo."

Essa é uma escolha sobre atitude, que algumas pessoas (eu entre elas) não querem ter. Porque fazer bem-feito é, antes de tudo, uma disposição interna, e esse é um protagonismo pra valer!

Não é casual que o pensador português Padre Antônio Vieira (1608-1697) nos tenha ensinado que "Nós somos o que fazemos. O que não se faz não existe. Portanto, só existimos nos dias em que fazemos. Nos dias em que não fazemos, apenas duramos".

Uma pessoa que decide recusar que a vida fique pequena, que vai em busca da realização do seu propósito, empregando a sua melhor capacidade, honra mais a própria vida, a própria trajetória.

Trata-se da pessoa que exerce protagonismo diante da vida. No teatro grego, quem ficava à frente no palco era chamado de protagonista. Assim sendo, uma pessoa protagonista é aquela que está à frente das suas escolhas, das suas decisões, dos seus projetos de vida.

Por outro lado, muitos fatores atuam contra aquilo que você deseja ou precisa fazer. Essa força oponente é chamada de antagonista. Protagonismo é a luta a favor, antagonismo é a luta contra. Obviamente, quem tiver clareza do propósito vai se preparar melhor para exercer o protagonismo, seja na família, seja na empresa, na escola, na igreja, na coletividade.

Protagonismo é a luta a teu favor, que, por vezes, precisa enfrentar antagonistas. Vale alertar que em várias ocasiões você também pode ser o teu principal antagonista. Isso se dá em ocasiões em que acontece um afrouxamento do propósito, ou quando a preguiça se instala, ou quando se desiste antes de persistir.

Reitero, o fato de eu fazer tudo que estiver ao meu alcance não significa que dará certo. No entanto, se eu me empenhar para que algo aconteça, se eu agir de forma decente, se eu o fizer de modo inteiro, pode até não dar certo, mas eu saberei que não deixei de exercer o meu protagonismo para que aquilo se tornasse realidade. Eu, portanto, não fraquejei, não diminuí minha energia, não me eximi de fazer aquilo que poderia e deveria ter feito. Como disse, certa vez, o ativista e líder espiritual indiano Mahatma Gandhi (1869-1948): "Você nunca sabe que resultados virão da sua ação. Mas, se você não fizer nada, não existirão resultados".

O poeta paranaense Paulo Leminski (1944-1989) teve um livro lançado dois anos após a sua morte com o título inteligentíssimo em francês *La vie en close*, um trocadilho com a famosa canção "La vie en rose", de Édith Piaf. Organizado pela viúva de Leminski, a também escritora e poeta Alice Ruiz, esse livro traz o poema "Insular", que diz "mil milhas de treva / cercadas de mágua / por todos os fados". Uma brincadeira genial com a clássica definição em alguns livros de Geografia de que ilha seria uma porção de terra cercada de água por todos os lados.

A ideia de "mil milhas de treva" refere-se a momentos em que a nossa vida é trevosa, sombria, em que a possibilidade da felicidade se exila, em que a nossa convivência se distancia e fica cercada de mágoas. E Leminski ainda brinca utilizando a grafia "mágua" para trazer a sensação de água por todos os lados. A ideia de fado, na Antiguidade, desde o mundo etrusco, é aquilo que remete a destino, ao que está fadado, determinado a acontecer. Isto é, aquilo ao qual não há alternativa. Mas, em relação ao que está ao nosso alcance, devemos exercer o nosso protagonismo.

Um dos aspectos mais fortes para elevar a nossa capacidade é recusarmos o fado. É sermos capazes de construir aquilo que nos importa. A vida honrosa é o que fazemos dela; ainda que não realize todo o desejado, não deixa de ter honradas escolhas quando estas podem ser feitas.

Isso traz à tona a ideia de autoria, quando não se apenas vive, mas se elabora a própria vida.

4

Decisão
para a vida

"A liberdade é a capacidade do ser humano de assumir o seu próprio desenvolvimento"

ROLLO MAY
(1909-1994), psicólogo estadunidense

ALGUMAS PESSOAS MANIFESTAM uma curiosidade sobre a minha trajetória: "Cortella, você é um professor de Filosofia que se tornou popular, com um número expressivo de seguidores em redes sociais, vários livros publicados, presença em diversas mídias etc. Você programou isso?".

Sempre respondo que não, e que muitas das coisas que marcaram o meu caminho aconteceram pelo aproveitamento de circunstâncias favoráveis. Mas uma decisão eu tomei, motivada por uma força interna que emergiu com intensidade por volta dos meus 12, 13 anos de idade. Ainda vivendo em Londrina, formulei que, fosse eu o que fosse, queria ser o meu melhor modo de ser naquilo.

Se eu fosse professor (como, de fato, me tornei), não queria ser o melhor professor do mundo, mas o meu melhor modo de ser professor.

Eu não vivo para ser o melhor professor do mundo. Se acontecesse de assim ser considerado por uma parte de alunos e alunas, evidentemente seria delicioso. Como eu brinco, "a glória do mundo é passageira, mas tem algum atrativo".

Essa tomada de posição é um princípio de vivência. É um mantra interno, dito em primeira pessoa: faço o meu melhor nas condições que eu tenho, enquanto não tenho condições melhores para fazer melhor ainda. Não é um lema externo. É uma convicção e aparece o tempo todo ao longo da minha trajetória.

Eu tenho nitidez de que, se aqui cheguei deste modo, em grande medida foi resultado de uma combinação de circunstâncias e competências. Entretanto, o fato de eu ter chegado até aqui é somente um sinal de que é possível chegar, não é o meu limite de chegada. É apenas um patamar que alcancei. Mas o passo seguinte é movido exatamente pela elevação dessas condições, que não estão definidas, acabadas, completas. Ao contrário, elas continuam como obra aberta, em que é necessário explorar outras possibilidades de desenvolvimento.

Evidentemente, tenho consciência de que há condições que estão fora do meu alcance e de que nelas pouco ou nada posso interferir. Contudo, em relação às condições sobre as quais eu posso atuar, devo me articular a fim de criar um contexto mais favorável ainda.

Por exemplo, com o aperfeiçoamento da competência, com a capacidade de interatividade, com a busca de parcerias com forças complementares etc. Nem fazer o melhor nem as circunstâncias são fatores imóveis, no sentido de definitivos. Tudo isso é um processo, que tem como ponto de partida, lembro novamente, a recusa à mediocridade.

Por isso, a decisão foi: em tudo o que eu fizer, quero que seja do meu melhor modo. Reforço: eu não quero ser o melhor do mundo. Se ocorrer uma conjunção de fatores para isso, ótimo. Mas eu quero ser o meu melhor naquela circunstância. Assim como fazer o meu melhor não significa fazer melhor do que o outro. Não se trata de uma competição ou de acirrar rivalidades com o outro. Eu não quero ser melhor do que você, eu quero ser melhor para você, e não apenas para mim. Isto é, eu quero ser melhor para você também, além de sê-lo para mim.

Eu não quero ser o melhor marido do mundo, eu quero ser o melhor modo Cortella de ser marido. Eu não tenho a pretensão de ser o melhor pai do mundo, embora meus filhos já tenham me dado canecas com os dizeres "Para o melhor pai do mundo", o que é extremamente gratificante. Mas o que eu almejo é o meu melhor modo de ser pai. Eu não quero ser o melhor cidadão do mundo, mas quero ser o meu melhor modo de ser cidadão. Porque, definitivamente, eu não quero ser morno na cidadania, na política, na docência, na profissão, na religião, no afeto.

Eu quero ser o meu melhor, atingir a minha melhor versão naquilo que eu me propuser a fazer. A ideia de ultrapassar outra pessoa só faz sentido para mim se estivermos numa circunstância de natureza lúdica, como um jogo de tabuleiro, um carteado, um concurso, em que haja a marca da brincadeira, do divertimento. Esse é o nosso lado *Homo ludens*, pegando uma parte do conceito do historiador holandês Johan Huizinga (1872-1945). Ou numa disputa esportiva, em que torço para que o Santos, o meu time, supere as equipes adversárias. Isso faz parte do jogo, mas é circunscrito ao jogo. Já fazer o meu melhor no meu tempo de vida não tem o caráter de competição com as demais pessoas.

A ideia central é que eu procure sempre o meu melhor modo de ser naquilo que estiver fazendo, e fazendo mesmo, no lugar de somente querendo. O escritor francês Paul Valéry (1871-1945) dizia que "a melhor maneira de realizar os seus sonhos é acordar". É um "acordar" buscando as melhores condições para empreender uma atividade que se integra ao processo de fazer o melhor.

Isso não significa aguardar indefinidamente até que todos os elementos fiquem alinhados e favoráveis para a empreitada, sob o risco de esse quadro não se concretizar. Tampouco quer dizer que se deva agir na base do "'vamo que vamo' e lá na frente a gente vê o que acontece". Isso não é entusiasmo, nem motivação, é uma mera disposição eufórica, que pode encobrir um mau planejamento ou uma visão equivocada da realidade.

Há o outro extremo desse comportamento, que é deixar de fazer por antever somente o que pode dar errado. A pessoa que só visualiza a possibilidade mais desastrosa. A palavra "desastre" se refere ao momento em que os astros, os deuses se separam e tudo fica encrencado. A pessoa que antecipa o que é desastroso em nome daquilo que vivencia mentalmente recusa ou procrastina, com frequência, o próximo passo. Ela antecipa algo que não aconteceu e entende que uma possibilidade é uma realidade.

Como escreveu o político sul-africano Nelson Mandela (1918-2013) na autobiografia *Longo caminho para a liberdade*: "Aprendi que coragem não é ausência de medo, mas o triunfo sobre ele".

Há pessoas, no entanto, que passam o tempo todo amaldiçoando a escuridão em vez de acender uma vela. São pessoas que esquecem que, num mundo difícil, complexo, é necessário colaborar, cooperar para que as coisas tenham êxito.

Uma das personagens mais interessantes de Luís de Camões (c. 1524-1580) na estupenda epopeia *Os lusíadas* é o Velho do Restelo. Era uma figura que se caracterizava por ficar praguejando enquanto as naus eram abastecidas. Antes que as embarcações deixassem o porto, o Velho do Restelo vislumbrava os fracassos daquelas empreitadas. "A que novos desastres determinas / De levar estes reinos e esta gente?"

Pessoas que lidam com análise de risco precisam o tempo todo projetar o equívoco em seus cenários, mas não como uma determinação. O desastre é algo possível, mas não é uma obrigatoriedade. A pessoa que adia de modo indefinido entende o desastre como uma fatalidade da qual ela não tem como se desviar.

Nesse sentido, é um modo de não partir, de não fazer. É aquela que diz: "Ah, mas isso não vai dar certo, não tem como dar certo". E, claro, há pessoas que sabem que o desastre é possível e buscam as alternativas que impeçam esse acontecimento ou que procuram estar preparadas para contornar uma situação indesejável.

Quando alguém vai passar por uma cirurgia, a equipe médica se preocupa com o que pode dar errado e procura se cercar de todas as condições para reverter qualquer complicação. Em situações em que há o que fazer, o risco é inerente, portanto é um aspecto a ser levado em conta, mas não é impeditivo.

É o que lembra a frase atribuída ao general romano Pompeu (106 a.C.-48 a.C.), que atesta que "navegar é preciso, viver não é preciso". Figura proeminente na transformação da República de Roma em um império, Pompeu teria dito a frase para uma tripulação que rumava para uma batalha na Roma antiga. Desbravar os mares era uma missão estratégica para a expansão do poderio romano. Tanto que o general posteriormente integrou o Primeiro Triunvirato, no século I a.C. É provável que, ao proferir a frase em latim, *"Navigare necesse est, vivere non est necesse"*, Pompeu tenha tido a intenção de dizer que a navegação era necessária, enquanto a vida não necessariamente seguiria. Essa frase histórica aparece depois nos versos de Fernando Pessoa, no livro *Mensagem*. No idioma português, a expressão "navegar é preciso, viver não é preciso" adquire um duplo sentido, pois "preciso" pode significar necessário e também apurado, qualificado, calibrado. Em 1969, esses versos se transformaram no refrão do fado "Os argonautas", composto por Caetano Veloso, gravado no disco que leva o nome do autor.

No modo trazido por Pessoa e também por Caetano Veloso, navegar é preciso, pois conta com técnicas, estratégias, ferramentas, procedimentos. Mas viver não é preciso, porque nós também desconstruímos nossas ferramentas, nossas trajetórias, nossos caminhos, justamente porque a vida não é marcada pela exatidão. Tanto que, na última estrofe, Caetano canta "navegar é preciso, viver..." e para. Ele não completa o último verso.

Viver pode não ser preciso, mas ficar sempre ancorado no mesmo porto certamente deixa a vida menor, e a decisão na vida de procurar fazer o melhor de si afasta esse apequenamento.

5

Os ossos e os ofícios

"Ideias genéricas e uma grande presunção estão sempre em via de causar uma terrível desgraça"

JOHANN WOLFGANG VON GOETHE

(1749-1832), autor alemão

NUMA VIAGEM A Portugal, tive o imenso gosto de estar em Évora, cidade distante cerca de 135 quilômetros da capital, Lisboa. Lá, realizei o desejo de conhecer a igreja de São Francisco, um lugar que faz parte da minha trajetória intelectual e onde se encontra a Capela dos Ossos. Construída no século XVII, reúne diversos esqueletos humanos na parte interna. Logo na entrada, essa capela ostenta uma inscrição que se tornou clássica: "Nós, ossos que aqui estamos, pelos vossos esperamos".

Mais clara, impossível! Essa frase pode servir como ameaça ou como advertência, pode assustar ou pode levar a uma tomada de consciência. A Capela dos Ossos nos alerta para a necessidade de não perdermos tempo. Entre as coisas que nos levam a tal situação, estão a tolice, a pequenez, a petulância, a arrogância.

Quando afirmo que quero ser o meu modo de melhor ser, não é uma questão de arrogância, de petulância. Não se trata de elevar o queixo ou de empinar o nariz. Eu não quero ser melhor do que ninguém. Eu quero ser o meu melhor naquela condição. Para fazer a vida valer, para não a apequenar.

O escritor indiano Rabindranath Tagore (1861-1941) afirmava que: "quanto mais humildes somos, mais próximos estamos da grandeza". Parte dessa humildade consiste em compreender que nem sempre é possível controlar as variáveis de uma atividade. Mesmo em uma laboração que dependa exclusivamente de você, pode haver interferência de fatores sobre os quais não há controle. Por exemplo, a produção de um texto, em tese, depende só do autor. Mas ele pode ser afetado pelo barulho de uma obra na rua ou pela reforma em um apartamento vizinho ou por uma interrupção no fornecimento de energia elétrica. Em atividades que envolvam outras pessoas, serão mais variáveis interagindo. A ambiência é composta por múltiplos fatores.

Quando vou para uma palestra, a atmosfera dependerá do que tiver acontecido naquele dia naquela cidade, das notícias que tiverem chegado para as pessoas, se aquela data antecede ou sucede um feriado, se naquele momento estou na minha condição física mais adequada. É claro que isso aumenta o nível de incerteza, acrescenta uma dose de imprevisibilidade ao evento, mas são circunstâncias que também podem dar beleza à ocasião.

Se fosse tudo mecanicamente situado, tudo absolutamente dentro do programado, perderia a graça do inesperado. O inusitado tem a sua contribuição. Tanto que o escritor pernambucano Nelson Rodrigues (1912-1980) criou o mítico "Sobrenatural de Almeida" em suas crônicas futebolísticas.

A personagem era um fantasma que entrava no debate esportivo para explicar o inexplicável nas quatro linhas, sobretudo quando o Fluminense, time do coração do autor, sofria algum revés.

Para reconhecer que o imponderável pode se fazer presente, é preciso ter humildade para saber que não é possível controlar todas as variáveis. Isso não me impede de fazer o meu melhor nas condições que tenho. Mas me coloca a humildade como necessária, assim como o esmero, a dedicação, a busca para que aquele evento seja potente, não seja morno.

E humildade intelectual também. Costumo alertar que humildade é diferente de subserviência. Uma pessoa subserviente é aquela que se enfraquece, que se dobra, que se diminui ao se sentir fragilizada. Uma pessoa humilde é aquela que sabe que não sabe tudo. Aquela que sabe que não é a única que sabe. Aquela que sabe que a outra pessoa sabe o que ela não sabe. Aquela que sabe que ela e outra pessoa saberão muita coisa juntas. Aquela que sabe que ela e outra pessoa nunca saberão tudo que pode ser sabido.

E humildade para reconhecer quando outra pessoa foi absolutamente brilhante, após criar uma situação inesperada.

Certa feita, eu dava uma palestra num congresso de enfermagem em Belo Horizonte e caí ao final em uma alegre armadilha (que até conhecia como anedota, mas houvera me esquecido). Cerca de 2.500 enfermeiras estavam presentes naquele evento na capital mineira. Ao término da palestra, agradeci e fui saindo. Uma enfermeira, sentada nas primeiras fileiras, se dirigiu a mim: "Professor, antes que o senhor vá embora, posso fazer uma pergunta?". Eu concordei e ela mandou o seguinte questionamento: "O que deseja que falem do senhor no seu velório?".

Fiquei um pouco desconcertado com a pergunta um tanto insólita. Para tentar responder da melhor maneira possível, fiz quase que um passeio pela Filosofia. Mencionei Platão, Aristóteles, Heráclito, Parmênides, Zenão, Anaxímenes, Anaxágoras. Passei uns oito minutos entre falas e citações. Enquanto eu discorria, pensava: *Vou dar o troco nessa enfermeira*. Após todo esse arrazoado, concluí o meu raciocínio e devolvi: "E você? O que quer que falem de você no teu velório?". Ela, espertamente, respondeu: "Eu quero que falem: 'Nossa! Ela está se mexendo!'". Uma resposta inteligente e sobrenaturalmente boa.

Lugar para o inesperado, tempo para a surpresa, preparo para o espantoso! Isto é, vida viva!

Até porque, como escreveu o maravilhoso poeta gaúcho Mário Quintana (1906-1994) em uma trova: "Um dia... Pronto!... Me acabo. Pois seja o que tem de ser. Morrer: que me importa? O diabo é deixar de viver".

E deixar de viver não acontece apenas porque o corpo falece, porque os órgãos param de funcionar. Deixa-se de viver quando se permite que a esperança morra, que a persistência faleça, que a capacidade afetiva escasseie. É quando se perde a energia vital para seguir em evolução, em desenvolvimento. E aí o que resta é se sentar, se alienar, entregar os pontos, desistir. Abre-se mão de fazer o melhor. O escritor francês Honoré de Balzac (1799-1850) dizia que "a pessoa morre a primeira vez quando perde o entusiasmo".

Nós não podemos produzir essa morte em nós, nem permitirmos que outras pessoas tentem imputar esse tipo de morte em nós, assassinando nossa esperança, nossa dignidade, nossa integridade, nossa humanidade.

Sim, afinal de contas, existem pessoas que, em vez de fazerem aquilo que é o melhor para a nossa convivência e buscarem a harmonia, infligem sofrimento às outras, agindo na direção de uma vida que, além de curta, torna-se menor.

Com isso, seres humanos são discriminados por conta da cor da pele que têm, da religião que praticam, da função que desempenham, do nível de escolaridade que possuem, do local onde vivem. Quantos indivíduos, por conta da sua origem, sua sexualidade, sua formação, sua etnia, são vitimados por mortes cotidianas? Quantos sofrem atentados sucessivos contra a sua dignidade?

Existe uma frase que, apesar de não ter autoria comprovada, carrega uma verdade: "Uma pessoa só deve olhar a outra pessoa de cima para baixo quando for para ajudá-la a se levantar".

Há pessoas que são tão pequenas que só conseguem crescer se diminuírem as outras. Do outro lado, felizmente, existem aquelas que sabem que não são grandes o suficiente e seguem na busca por crescimento junto com as outras pessoas, e não contra elas.

Nessa hora, convém recordar o ditado chinês que diz que "no fim do jogo o rei e o peão voltam para a mesma caixa".

Uma pessoa que decide não apequenar a própria vida vai atrás de fazer o melhor, de aprimorar as suas capacidades, em prol do coletivo.

Essa, sem dúvida, honra a própria jornada, a própria trajetória. Faz valer mais o fato de estar viva. Afinal, "nós, ossos que aqui estamos, pelos vossos esperamos".

6

Quem se acha perde

> *"Contra a soberba, não se encha de ar, pois basta uma alfinetada para o estourar"*
>
> **FRIEDRICH NIETZSCHE**
> (1844-1900), filósofo alemão

NORMALMENTE, A FAIXA etária de alunas e alunos que iniciam o curso de graduação é em torno dos 18 anos. Eu costumava, na primeira aula do ano letivo, verificar se havia algum estudante arrogante na classe. Como eu começava pela Filosofia antiga, isto é, a pré-socrática, socrática e pós-socrática, eu lançava uma pergunta e explicava o motivo: "Para eu saber como vocês estão em relação a algumas leituras, quem aqui já leu algum livro de Sócrates?". E sempre tinha alguém que levantava a mão. A questão é que Sócrates (c. 470 a.C.-399 a.C.) nunca escreveu livro algum. A maioria dos relatos foram escritos sobre ele. Boa parte do que nós sabemos sobre Sócrates nos chegou por intermédio de discípulos como Platão (c. 428 a.C.-347 a.C.), autor de mais de trinta diálogos nos quais Sócrates foi personagem principal.

Uma opção nesse momento, quando o estudante diz ter lido uma obra de Sócrates, seria a reprimenda: "Quem você acha que é? Na tua idade já começa a agir assim...". Obviamente, jamais fiz isso. Primeiro porque seria desvirtuar a natureza didática da relação, segundo porque seria um modo de perdê-lo. Essa admoestação não passaria de uma tola demonstração de poder, além de humilhá-lo. E não se aprende pela humilhação, o aprendizado acontece pela convicção, pela compreensão, pelo exemplo. Por isso, eu jamais optaria por esse tipo de repreensão, sobretudo por não ser o modo de fazer o meu melhor.

Então, eu encaminhava o diálogo da seguinte maneira: "Talvez você não tenha escutado direito, porque Sócrates não escreveu nenhum livro. Quando eu falei Sócrates, é possível que você tenha entendido Sófocles; este, sim, escreveu vários livros". Quase sempre o aluno concordava: "Ah, esse mesmo!".

Ao final da aula, eu o chamava num canto, longe das outras pessoas, e questionava: "Para que essa simulação? Para que fingir conhecimento, competência? No momento em que você dela necessitar, ela não virá. Você talvez imagine que consiga iludir pessoas fazendo isso, mas estará sendo medíocre".

Essa conversa tinha o intuito de prevenir que o aluno caísse na armadilha da soberba, que é um caminho que se cruza com a mediocridade. Por quê? Porque a soberba, em qualquer faixa etária, torna as pessoas incapazes de mudar de ideia, de reconsiderarem seus pontos de vista quando necessário. A soberba impede que se dê um passo além daquilo que já sabem, por acharem que já conhecem o suficiente.

A pessoa soberba, que empina o nariz, não é aquela que faz o melhor, mas aquela que se imagina melhor do que realmente é. Com frequência, é do feitio do indivíduo arrogante dizer o seguinte: "Existem dois modos de fazer as coisas: o meu e o errado. Você escolhe". De maneira geral, o arrogante não tem a cabeça aberta para o que ainda não conhece. Quase sempre se arvora a saber todas as coisas. Você menciona um restaurante e ele diz que já foi. Você fala de um filme, ele já assistiu. Você comenta sobre uma cidade, ele já esteve lá. O tempo todo ele se coloca numa postura superior.

    Esse é um perigo. Afinal, quem entre nós achar que já é grande o suficiente, pequeno permanecerá. É o contrário de uma pessoa excelente, que procura sempre dar um passo adiante, que se propõe a fazer o melhor dela nas condições que tem.

    O que é uma pessoa excelente? É aquela que faz o melhor dela nas condições que tem, que tem a excelência como referência. A noção de mediocridade aparece exatamente quando ocorre a perda da referência do que é excelência.

    A pessoa movida pela ideia da excelência busca ir além do que já sabe, costuma se questionar se o que está fazendo é o mais correto, o mais eficaz, o mais sustentável, o mais bem-acabado. Se não for, demonstra disposição para mudar a rota. A pessoa excelente é a que procura se desenvolver e sempre dar um passo adiante, por menor que seja. Já a pessoa soberba se ancora na convicção de achar que já é boa o suficiente. Assim, dificilmente fará o melhor.

O próprio Platão já nos alertava: "A parte que ignoramos é muito maior que tudo quanto sabemos". A propósito, há cerca de 2.500 anos, os gregos tinham um termo para designar a pessoa que não participava da vida da comunidade: "idiota". Derivado do grego *idiotes*, o vocábulo originalmente não carregava uma carga pejorativa, era apenas uma referência a quem não lidava com as questões públicas. Aqueles que se debruçavam sobre os interesses da coletividade cuidavam da "pólis", de onde surge o termo "político". Idiotas eram aqueles que ficavam apenas na esfera da vida privada, que olhavam apenas para si. Como os gregos, entretanto, consideravam a participação na vida coletiva um elemento vital para a democracia, com o tempo, o termo "idiota" foi adquirindo tons negativos ou de insulto.

E qual o perigo de ser ou agir como um idiota? A pessoa que olha apenas para si mesma costuma achar que o único modo de fazer as coisas é o dela. O que a impede de abrir a cabeça para algo que seja diferente do que ela já conhece. Esse é um caminho para a mediocridade. O que subtrai a capacidade de fazer o melhor é justamente se colocar como idiota nesse sentido, isto é, a pessoa fechar-se dentro de si mesma.

A escritora Clarice Lispector (1920-1977), nascida na Ucrânia, mas que viveu grande parte da vida no Brasil, ajuda a romper essa noção de idiotia quando formula a ideia de que "aquilo que eu desconheço é a minha melhor parte". Pode-se interpretar também como "o melhor de mim é aquilo que eu ainda não sei". Afinal, aquilo que eu ainda não sei me renova, me reinventa, me recria.

Claro que aquilo que eu já sei tem valor, mas é repetitivo. Aquilo que eu já sei me ajuda muito a fazer o que faço, porém me deixa estacionado. O que representa um risco imenso de mergulhar na mediocridade e me contentar em permanecer no mesmo patamar, no mesmo lugar. E ficar ancorado, aprisionado naquilo que já se sabe, é um modo de não se abrir para outras perspectivas.

Isso não é um incentivo a ficar mudando o tempo todo, a qualquer sabor do vento, o que eu chamo de "mudancismo". Não é disso que se trata, mas, sim, de ter abertura para mudanças quando elas forem necessárias. O intuito é não se tornar um idiota, alguém que fixa a sua noção apenas naquilo que já tem.

Só conseguiremos fazer o nosso melhor quando formos capazes de sair da mesmice, isto é, de pensar além do nosso habitual. Alguém poderia perguntar "para quê?", "quem está exigindo?". Retomo a ideia: fazer o melhor é uma exigência que vem de dentro.

Isso me impede de ser idiota e ficar aprisionado dentro de mim.

7

Aprender com as diferenças

> *"Quem é sábio aprende muito com os seus inimigos"*
>
> **ARISTÓFANES**
> (447 a.C.-385 a.C.), dramaturgo grego

PRESTE ATENÇÃO EM quem discorda de você. Não é necessário que você aceite a discordância, mas acolha e leve em consideração aquilo que vai contra as suas convicções. O fato de alguém pensar de maneira diferente de mim não significa que essa pessoa esteja errada. Mas o fato de alguém pensar de maneira diferente de mim também não quer dizer que esteja certa.

É necessário balizar, raciocinar, refletir, mas, acima de tudo, ter critério na avaliação. A discordância pode me levar a reavaliar certos pontos, a tentar olhar a questão por um outro ângulo, e pode, inclusive, servir para reforçar a minha posição inicial. Nesse caso, ao menos, eu me dispus a refletir de forma mais minuciosa se realmente as convicções que carrego fazem sentido e me levam na direção certa. É sempre salutar abrir espaço para a dúvida.

O outro, aquele que discorda de você, mesmo estando numa posição de rival, pode ser um aliado seu. Sim, porque ele vai te mobilizar para rever posicionamentos, vai te fazer questionar convicções, vai te exigir melhores argumentações, vai te fazer esmerar as ações. Em várias modalidades esportivas, os grandes adversários é que fazem com que um atleta ou uma equipe deem o melhor de si. O suíço Roger Federer e o espanhol Rafael Nadal já declararam várias vezes o quanto o alto nível do tênis praticado pelo outro os levou a se superarem a cada temporada. Isso se aplica a diversas outras áreas. Costumo sempre lembrar que um concorrente burro te emburrece, um adversário fraco te enfraquece, uma oposição frágil fragiliza um governo.

Aliás, quando fui secretário municipal de Educação de São Paulo, ao suceder a Paulo Freire, precisei lidar com um tipo de oposição que demandava o melhor de mim e da equipe da qual eu fazia parte. Havia, na Câmara Municipal, um vereador que presidia uma comissão de Educação. Ele era da oposição e, amparado por lei, podia me chamar, como executivo que eu era, para prestar esclarecimentos. E ele fazia isso praticamente toda semana.

A veemência dos dois lados às vezes gerava desgastes. A ponto de, em certa ocasião, ocorrer um diálogo inusitado entre nós. Ele me perturbou tanto na discussão que, num determinado momento, eu disse:

— Vereador, com todo o respeito que Vossa Excelência merece, devo dizer que o meu sonho é dar o nome de Vossa Excelência a uma escola da cidade.

Ele estranhou a fala e trouxe à tona uma norma que inviabilizava o fato:

— Mas o secretário sabe que não é possível colocar o nome de gente viva.

— Então, por isso mesmo...

Foi quase um desacato, mas ele felizmente levou com bom humor. Hoje somos amigos, moramos próximos um do outro e, quando nos encontramos, rimos ao relembrar os nossos embates políticos.

Eu sou muito grato a ele, porque ele fazia uma oposição inteligente e, com isso, me ajudou muito a melhorar o que eu estava fazendo. A oposição feita por ele exigia que eu me esmerasse nas minhas ações à frente da secretaria. E nós tivemos muitos aprendizados. Sabíamos que não estávamos sendo "idiotas", no sentido original do grego, estávamos lidando com o interesse coletivo e cada qual defendia um ponto de vista. E cada um nós se via obrigado a rever as próprias posições e a fazer constantes autocríticas a partir do que era colocado pela outra parte.

Por isso, um adversário forte te fortalece, uma concorrência competente requer mais competência da sua parte, um rival preparado te obriga a se preparar melhor.

O que essa condição propicia? Voltando ao mote central: fazer o melhor, em vez de se contentar com o possível. Há uma diferença abissal entre fazer o possível e fazer o melhor. Por isso, uma pergunta fundamental: na tua atividade, no trabalho, na família, na religião, na política, você faz o possível ou o melhor?

Essa é uma questão importante sobre a qual refletir, pois ela pode levar a novos caminhos pela vida.

A propósito, vez ou outra me perguntam se a Filosofia ensina a pensar. Respondo que não, uma vez que pensar é um atributo atávico da nossa espécie, não tem de ser ensinado. Então, a Filosofia ajuda a pensar criticamente? Nem sempre. O nazismo, o fascismo, o totalitarismo tiveram e têm os seus filósofos. Isso significa que não é qualquer filosofia que tem uma dimensão crítica, emancipatória e que coloca as pessoas para além do próprio umbigo, para além da idiotia.

Nesse momento, tenho de pensar que, entre a idiotia e aquilo que pode ser elevado, há uma decisão a ser tomada, que é justamente mudar o que tem que ser mudado, abrir a cabeça para aquilo que, sendo diferente, pode me auxiliar.

Em duas obras do filósofo francês René Descartes (1596-1650), *Discurso do método* e *Meditações metafísicas*, ele apresenta uma percepção séria sobre a importância da dúvida metódica. Segundo Descartes, a dúvida metódica não é a dúvida pela dúvida, mas um caminho de questionamentos para se poder chegar a ideias e posições mais consistentes.

A dúvida é importante porque abre espaço para crescer. Durante muito tempo, nas escolas, foi comum não haver espaço para a dúvida. Parecia que ter dúvida numa sala de aula era impertinente ou um atestado de incapacidade.

Um professor de Física, por exemplo, que estivesse ensinando as leis formuladas por Isaac Newton (1643-1727), dizia: "Atenção, classe, Newton afirmava que os corpos se atraem na razão direta das suas massas e na razão inversa do quadrado da distância entre elas. Alguma dúvida?". E a classe se encolhia, aterrorizada com a possibilidade de demonstrar essa coisa "feia" chamada dúvida. Nessa hora, o silêncio imperava. Poucos revelavam não terem entendido tal formulação. A "confissão" de carregar uma dúvida era vista como menos-valia. Então, a sala emudecia... Raramente algum aluno ou aluna levantava a mão:

— Eu não entendi, professor...
— Não entendeu o quê?
— A explicação...
— Qual parte?
— Toda ela.

E o professor repetia a mesma coisa, só que numa voz mais alta e mais pausadamente, como se o estudante tivesse problemas de audição, e não de intelecção.

— Atenção! Vou explicar de novo: os corpos se atraem na razão direta das suas massas e na razão inversa do quadrado da distância entre elas. Entendeu?

Sabe por que esse docente, muitas vezes, não conseguia explicar? Porque não sabia. Só sabia repetir a fórmula. Assim como muita gente estudou a fórmula de Bháskara e não sabe qual é a finalidade dela. Muita gente decorou a capital da Tanzânia, o peso atômico do bário, os reis etruscos de Roma...

Essas são informações memorizadas, mas que dificilmente ressoam no cotidiano, por isso não geram questionamento – e muito menos conhecimento.

Mas o fato é que a dúvida deveria ser sempre bem-vista, por ser uma fonte geradora de inovação. A ciência avança na dúvida. Claro que a certeza é importante, mas ela é reiterativa. A certeza permite que façamos aquilo que já vínhamos fazendo. A dúvida nos permite avançar em territórios desconhecidos.

Afinal, se nós tivermos o propósito de fazer melhor, a dúvida precisa ser acolhida e vista como aliada. A dúvida construtiva, estruturada, organizada, que levanta possibilidades.

Será que eu consigo fazer melhor? Existe um caminho que me permita chegar a um determinado ponto de modo mais veloz? É possível obter o mesmo resultado com maior economia de recursos? Há um modo que atenda a mais necessidades do que as atuais?

A dúvida metódica favorece a possibilidade de aperfeiçoamento.

8

Tudo não
é 100%

> *"É a vida, mais do que a morte,*
> *que não tem limites"*
>
> GABRIEL GARCÍA MÁRQUEZ
> (1927-2014), escritor colombiano

PROCURO SEMPRE LEMBRAR que melhor não é uma gradação, é uma atitude. Gradação é a escala que obedece a uma numeração ou que vai do ruim ao ótimo. Melhor é algo a ser buscado sempre.

Fazer o melhor é dar o máximo de si nas condições em que se está. Mas essa ideia não opera no sentido estritamente matemático, em que 100% é a totalidade. Por quê? Porque na vida há sempre uma margem para nós nos expandirmos. A marca de 100% deve ser o nosso horizonte, jamais um requisito obrigatório.

É evidente que isso não significa que eu me contentarei em ficar abaixo do meu máximo ou terei menos empenho naquilo que me propuser a fazer. Demonstra apenas o entendimento de que o meu máximo jamais serão os 100% da possibilidade. Porque isso seria a cessação da capacidade humana de aperfeiçoamento, de avançar, de ir além.

Essa é uma ideia desalentadora? De modo algum. Essa possibilidade não significa conviver com frustração, mas uma motivação para avançar em algum grau naquilo que se faz.

Um dos aspectos mais estimulantes na minha trajetória como docente foi saber que eu nunca fui 100% do que um professor precisa ser. Eu sempre encarei esse percentual como referência, como um patamar a ser buscado. Sempre havia algum ponto de melhoria e, portanto, jamais se traduziu em uma economia de esforço no alcance desse objetivo. No livro *O tempo deve parar*, o escritor britânico Aldous Huxley (1894-1963) considera que "existe apenas um canto do universo que você pode ter certeza de aperfeiçoar, que é você mesmo".

Faço questão de lembrar que não somos perfeitos. Afinal, a noção de perfeição carrega o sentido de concluído. Vem do latim *perfectus*, que significa feito por completo, feito por inteiro. E nós somos seres em processo. Por isso, não somos perfeitos, somos perfectíveis.

Em algumas atividades, como a de um profissional de saúde incumbido de fazer uma sutura após um ato cirúrgico, evidentemente é desejável que ele aplique o máximo da habilidade que carrega, em vez de relaxar. Mas não será 100%, isto é, não terá uma completude.

Vale alertar que só o cadáver é perfeito. Afinal, está inerte, não poderá mais ser modificado. Assim, ele está "perfeito", no sentido de "terminado". A partir dali não há mais o que fazer – literalmente.

Desse modo, a busca por fazer o melhor não pode ser confundida com uma exigência desmedida, uma cobrança exagerada para que as pessoas apresentem a perfeição. Isso seria absolutamente esgotante. O sentido da reflexão apresentada nesta obra não é o alcance da perfeição. É, em primeiro lugar, ter a perfeição como referência, porque essa visão movimenta uma energia extremamente proativa. Em segundo lugar, é saber que, embora eu não consiga atingir a perfeição, essa não é uma razão para refrear a busca pela minha melhor possibilidade de ação naquela empreitada. Sabendo que a perfeição não é um lugar ao qual se chega, ainda assim eu não devo me contentar com o suficiente, que seria a ideia do "deu pro gasto", mas sim lançar mão do meu máximo esforço, da máxima capacidade, da máxima habilidade naquilo que faço.

Cabe ressaltar que fazer o teu melhor evidentemente aumenta as tuas chances de ser bem-sucedido em uma empreitada. Mas não é necessariamente uma garantia de êxito. Há fatores que, ainda que você faça o teu melhor, podem impedir que o resultado desejado seja alcançado. Até porque é muito difícil ter o controle sobre todas as variáveis.

O caminho inverso, no entanto, é mais claro. Se há algo que ameaça o êxito, é justamente fazer apenas o possível. Não se trata de um jogo de palavras. A noção de fazer o melhor coloca para nós a necessidade de mais competência, de mais esforço, de mais capacidade, de mais energia e, acima de tudo, daquela atitude de recusa à mediocridade. Fazer o possível é se contentar com qualquer coisa próxima do aceitável, do razoável. Se o resultado não foi aquilo que eu desejava, não posso me sentir satisfeito. De modo algum me sinto imune a qualquer revés e sei que as coisas nem sempre resultarão positivas. Então, eu preciso examinar as condições que geraram esses resultados a fim de minimizar os riscos de outras baixas.

Coloquei a minha energia máxima naquela circunstância? Usei toda a minha capacidade para comunicar aquela ideia da melhor maneira? Consegui criar uma atmosfera favorável para contar determinada história? Encadeei as ideias de modo claro e inteligível?

Ao fazer esse exame, posso identificar o que fez com que o resultado não fosse o almejado por mim. E, com isso, tenho elementos para reduzir as chances de outros deslizes.

Um exemplo de alguém que se cercava de todos os cuidados para se apresentar sempre em altíssimo nível é o do cantor e violonista baiano João Gilberto (1931-2019). Por conta da extrema dedicação do músico, criou-se até um certo folclore em torno do jeito obsessivo dele pela melhor sonoridade ao violão, a melhor afinação no canto, a melhor interpretação, o melhor encadeamento de acordes na harmonia... Eu, como ouvinte, entretanto, agradeço imensamente a João Gilberto por ele ter tido essa disposição de sempre oferecer o máximo às pessoas que fossem ouvi-lo numa apresentação ou numa gravação. Era sempre a sensação de um acesso ao máximo João Gilberto naquela circunstância.

Daí a preocupação dele com o impacto do ar-condicionado, da temperatura na afinação do instrumento, com a acústica do local da apresentação, com a distância dos microfones. Ele se ocupava de todos os detalhes para que durante a apresentação sempre fosse o melhor João Gilberto em cena. Pode até ser que dali a dez dias fosse melhor ainda. Mas, naquela situação, João Gilberto procurava oferecer a sua melhor versão de ser João Gilberto.

Por isso, a obstinação dele tornou-se referência de esmero, de dedicação contínua no mundo da música. Não se trata de um comportamento exótico. É algo inspirador.

Ao adquirir o ingresso para uma apresentação dele, eu sabia que não estava encontrando um músico relapso, que pouco teria se preparado. A ideia do melhor vem do movimento de estar bem preparado para dar certo. Como ele cantava na magnífica composição de Tom Jobim (1927-1994), "Wave": "São coisas lindas que eu tenho para te dar".

Sempre me deu gosto saber que eu não me reduzo, que não farei de modo minimizado a atividade que terei de desenvolver. Isso é fundamental para que a passagem pela vida não seja meramente uma sucessão de tarefas, mas tenha o seu valor, deixe a sua marca, conquiste o seu reconhecimento.

9
Caprichar ou desleixar, é só deixar

"O hábito é uma segunda natureza
que anula a primeira"

BLAISE PASCAL
(1623-1662), filósofo francês

NA ANTIGA GRÉCIA, o filósofo Aristóteles (384 a.C.-322 a.C.) preconizava a ideia de que a virtude poderia ser ensinada. Assim, nós podemos ser formados para que caprichosos sejamos, tal como para o inverso também. O que me traz à memória o ótimo título do um livro do já citado poeta paranaense Paulo Leminski, chamado *Caprichos & relaxos*. Quando eu era menino e alguém dizia "você está muito relaxado", não era uma avaliação positiva. Não significava estar numa boa, tranquilo, sossegado. Chamar uma pessoa de relaxada era uma reprimenda em relação à falta de empenho, de capricho.

A formação dentro da família, do grupo onde se vive, da escola, contribui para que alguém tenha essa disposição em procurar fazer o melhor. Caprichar é um hábito, assim como desleixar. Se estamos no pântano, nos habituamos a ele, assim como, se estamos na planície, também nos acostumamos a ela. A ideia de estar no pântano leva a entender que, lá estando, é assim mesmo.

O hábito do desleixo, do descaso, da falta de zelo passa a ser usual, familiar. E eu uso o termo "familiar" abrangendo a percepção de família como o ponto original. Porque a família pode ser decisiva para que o esmero, o capricho, a capacidade de refinar aquilo que se faz sejam estabelecidos na pessoa que está sendo formada.

A mediocridade é muitas vezes resultado da ausência de esmero. Originado no latim, esse termo quer dizer "tornar adequado, purificar".

Eu descobri a existência da palavra "esmero" quando li *Os Maias*, romance do escritor português Eça de Queirós (1845-1900). Ambientada no século XIX, a história tem uma passagem em que Carlos, um dos personagens principais, chega de viagem e é recebido por seu criado, Baptista, chamado de Tista, que "preparava com esmero um grogue quente". Primeiro fiquei surpreso com o termo "grogue", porque, aos 15 anos, só sabia do uso dessa palavra para se referir a uma pessoa completamente embriagada. Aí fui entender que se tratava do nome da bebida, uma mistura de aguardente ou rum com água quente e limão, inclusive bastante consumida em viagens marítimas em séculos idos.

Mas, passada a surpresa com o outro significado de grogue, gostei muito da palavra "esmero". Transmite a ideia de refinamento, semelhante à palavra "erudito", que quer dizer "aquilo de que se retirou a rudeza". Significa dar aquele polimento naquilo que se faz, de maneira que o resultado se aproxime da sua forma mais bem-acabada. Não se trata de finitude ou completude, porque a obra humana, usando o conceito do escritor italiano Umberto Eco (1932-2016), é uma "obra aberta". Ainda assim, o fato de eu ter uma tendência eletiva a procurar fazer o melhor e, portanto, refinar, polir algo, é absolutamente prazeroso.

A noção de esmero, de capricho, carrega essa percepção. Em alguns momentos, o capricho pode ter um maior componente heteronômico, isto é, vindo de fora, como uma ordem ou um estímulo externo, "faça o teu melhor", no sentido de ser uma exigência que te impulsiona. Mas existe também uma percepção autônoma, isto é, uma exigência interna, no sentido de escolha. "Eu quero fazer do melhor modo, com capricho, porque é assim que me sinto bem."

Sempre digo que não nascemos prontos. Nascemos não prontos e vamos nos formando. Pois, quando se coloca o capricho como referência, como métrica, aquilo se torna parte do cotidiano, se incorpora na ação da pessoa. E a tendência é que ela adote essa atitude quanto àquilo que faz, seja em relação ao cuidado com o próprio corpo, ao ambiente onde está, seja no que diz respeito às atividades estudantis e profissionais que vai desenvolver, ao convívio social ou a outros aspectos.

Vale reforçar que a ideia de "faça o teu melhor" é uma busca revestida de propósito e praticada com esmero. Em nenhum momento ela carrega a ideia de fazer algo de modo obsessivo, a ponto de beirar o esgotamento. A consciência de fazer o melhor vem acompanhada do complemento "nas condições que você tem". E isso não significa extrapolar, produzir um desgaste, uma exaustão, pois seria algo doentio. A noção do melhor aparece como capricho nas condições em que se está.

O que move isso? Um desejo interno, que não atinge todo mundo do mesmo modo. Mas há pessoas que, na sua própria ação, apreciam um retorno estético naquilo que fazem.

Por exemplo: terminar de lavar a louça, ver a pia arrumada e passar o paninho na torneira para dar aquela lustrada, como toquezinho final. Aquele arremate para ficar "tudo em ordem", que tem a ver com a ideia de cosmos, a noção grega da qual deriva "cosmética", isto é, ordenar as coisas, a fim de produzir uma sensação agradável. O capricho, de um lado, é impulsionado pela busca do agradável e, por outro, pela habituação cotidiana, quando a pessoa é formada com essa perspectiva.

Aqui cabe uma ressalva importante. Formar pessoas orientadas para o esmero não significa pressionar filhas e filhos para que sejam obstinados por performance e por fazer tudo de modo quase perfeito sempre.

Se, em vez de uma referência, a ideia de fazer o melhor aparecer como um fardo ameaçador, a criança ficará inclinada a desistir. Com receio de decepcionar os pais, ela pode nem sequer tentar fazer algo ou pode abrir mão de se aprimorar após experimentar algum insucesso. Esse recolhimento deixa a vida absolutamente frustrante.

Quando faço o meu melhor nas condições que tenho, isso dá a mim a ideia de que não estou sendo medíocre. Por isso, fazer o melhor jamais deve ser colocado como um fardo ou um fator de opressão, mas sempre como uma atitude positiva diante da vida.

Na formação de pessoas, quando crianças ou jovens não obtêm o sucesso em alguma atividade, são necessários dois movimentos por parte dos pais.

O primeiro é identificar as razões do insucesso. O segundo é corrigir de modo adequado o que não saiu como o esperado.

Jamais se deve levantar a ideia de que um revés demonstra a incapacidade do filho ou da filha e de que o insucesso será uma constante a partir de então. Esse tipo de reprovação é absolutamente descabido no processo formativo.

Como costumo dizer: teu erro não te define! Isso vale para qualquer pessoa, em qualquer faixa etária. O erro é uma possibilidade na vida, não uma sentença a partir da qual a pessoa se reduz ao próprio erro cometido. É possível seguir adiante apesar do equívoco cometido.

Um pai, uma mãe, um(a) educador(a), uma liderança precisam deixar claro que o erro não define a pessoa que está sendo formada. Essa é uma ocorrência possível, não uma fatalidade a partir da qual as futuras ações ganharão essa marca.

O fato de a pessoa ter se equivocado não significa que assim sempre será. Ela não é deliberadamente uma "equivocadora", uma produtora contínua do desacertos. É alguém que pode se equivocar.

Quando a criança ou o jovem não consegue o intento desejado, é recomendável que se faça uma revisão do que aconteceu e se crie a possibilidade para uma nova tentativa. Isso gera ânimo!

Animar alguém, no sentido de estimular, não significa oferecer ilusões com frases pretensamente estimulantes do tipo "vai que você consegue!". Isso pode ser um complemento de força, após outras medidas e orientações de ordem prática. "Vamos procurar entender o que levou a não chegar ao resultado esperado e buscar um caminho para que isso aconteça."

Se a criança ou o jovem não obtém a nota de que precisava, vale ajudá-lo(a) a refletir sobre possíveis causas:

- Não entendeu o tema de modo mais amplo?
- O que impediu a compreensão?
- Enfatizou pontos que não eram tão relevantes?
- A capacidade de absorção estava prejudicada naquele momento por alguma circunstância?
- Houve distração, falta de concentração?
- Há clareza das falhas cometidas? Houve algum entendimento desde então?
- É possível buscar reforço ou ajuda em alguma fonte?

Formar pessoas não passa pela pressão desmedida por desempenho, tampouco por uma atitude leniente de dar uns tapinhas nas costas: "Tudo bem, filhão, é assim mesmo, eu também na tua idade...".

A passividade jamais deve ser aceita diante dos insucessos. É preciso buscar a causa, e ela está também no esforço do indivíduo.

Isso deve ser estimulado, exigido e orientado, com relaxos na hora certa e caprichos o tempo todo...

10

Biópsia × autópsia

> *"A medida de uma alma é a dimensão do seu desejo"*
>
> GUSTAVE FLAUBERT
> (1821-1880), escritor francês

AO LONGO DA minha trajetória, evidentemente já aconteceu de eu finalizar uma atividade e ser tomado pela incômoda sensação de que poderia tê-la feito melhor. Ao deixar um palco, uma sala de aula, uma entrevista, já tive a impressão de que as coisas não transcorreram tão bem. A palestra talvez não tivesse sido tão boa, possivelmente a aula não tivesse sido a mais brilhante, a entrevista não tivesse sido a mais fluída. Porém, mesmo atravessado por esse desconforto, eu saí convicto de que havia feito o meu melhor naquela condição, isto é, não havia relaxado, não havia perdido o zelo em relação ao que estava fazendo. O resultado não saiu como eu imaginava, mas sei que coloquei a minha melhor energia, a minha capacidade máxima naquela circunstância.

Isso é bem diferente de uma frustração que fosse resultante do meu descaso: "Ah, tudo bem, também, eu não estava lá muito legal".

Será que eu já tive situações em que procurei esse tipo de argumento na tentativa de acalmar o meu incômodo? Sim, em vários momentos: "Ah, também eu estou gripado", "dormi pouco e estava cansado", "cheguei de um modo atribulado...".

É preciso cautela com essa forma de justificativa, porque ela vai nos acostumando a encontrar no senão a razão para algo ter saído de modo insatisfatório. Razões não são senões. Os senões produzem obstáculos, mas não servem de explicação para algo que não saiu como deveria.

Claro que um resultado ou um desempenho abaixo do esperado causa frustração. E entendo essa frustração muito mais como um arrependimento, que pode ser visto como "ensinante" ou como debilitante.

Ao olhar para algo que não deu certo, a pessoa pode se aterrar e entrar no campo da lamúria. "Olha aí, eu não consigo nada mesmo", "Nada que eu faço leva ao resultado esperado". É uma perspectiva até mais cômoda, porque justifica a desistência. Pode até dizer de modo conformado: "É assim mesmo, o que posso fazer?".

Outro risco é exagerar numa autoavaliação negativa. Ter uma postura muito dura consigo mesmo, em que simplesmente anula todo o valor do esforço feito. "Nada saiu do jeito que eu quis", "O desastre está sempre nas minhas mãos", "Meu empenho e minha preparação não serviram para nada."

Todas as vezes em que eu, Cortella, fui tomado pela sensação de que poderia ter me saído melhor, ao terminar um texto, uma palestra, uma conversa, a postura sempre foi de autocrítica, não de autocomiseração nem de autodestruição.

Sempre procurei fazer daquele episódio uma circunstância pedagógica, uma oportunidade para aprender e partir com mais fôlego para uma próxima tentativa. Sobretudo se a frustração resultasse de um erro cometido. É ruim aprender pelo erro, mas pior do que aprender pelo erro é com o erro nada aprender.

Se eu encaro aquilo que não deu certo como algo a ser revisto e, assim, como um momento "ensinante" da minha trajetória, em vez de encontrar uma justificativa para a paralisação, eu identifico elementos para o aperfeiçoamento daquilo que vou fazer. E aqui cabe distinguir que aperfeiçoamento é diferente de perfeição. Aperfeiçoar é um movimento contínuo de melhoria. Na comparação com a nossa linguagem no cotidiano, seria o equivalente ao gerúndio. Já a perfeição é um particípio, algo que se encerra em si mesmo, sem possibilidade de se ir além. E, como já falado, impossível de ser alcançada.

Nesses momentos em que as coisas não saem conforme o esperado, é preciso fazer uma biópsia, em vez de uma autópsia. Qual a diferença?

Na biópsia se buscam as causas para que a vida prossiga e se sustente, enquanto a autópsia revela apenas a razão do fracasso, a *causa mortis*. Na biópsia, a intenção é identificar o fator que atrapalha e ultrapassá-lo, eliminá-lo, superá-lo.

Por isso, essa diferença de postura é decisiva. Afinal, o fracasso tem maior probabilidade de reaparecer quando as razões que o geraram são deixadas de lado.

No livro *A rebelião das massas*, o filósofo espanhol José Ortega y Gasset (1883-1955) registra que "o importante é a lembrança dos erros, que nos permite não cometer sempre os mesmos". Esse é um olhar de biópsia, que resulta numa tomada de consciência. No meu escritório, há uma plaquinha com a frase: "Aqui só admitimos o erro inédito". Não podemos insistir no erro. É possível que outros equívocos aconteçam por motivos diversos, mas cada episódio precisará ser analisado dessa forma para avançarmos.

Esse olhar de biópsia é fundamental para que a vida siga com fertilidade, mesmo que as condições sejam adversas.

É preciso levar em conta que toda autoavaliação carrega uma boa dose de subjetividade. Em algumas ocasiões, achamos que não fomos tão bem em uma determinada atividade, ainda que as demais pessoas a tenham apreciado. Pode ser que haja algum descompasso entre a autoavaliação e a percepção alheia. Mas existe uma métrica, que é colocada por nós mesmos, que nos serve de balizamento para essa aferição.

Eu, como disse, já deixei o palco com a sensação de que aquela determinada palestra não havia sido tão boa quanto outras. Entretanto, o público deu demonstrações efusivas de que havia gostado.

Claro que, nesse caso, são várias percepções geradas naquele evento e cada uma delas tem a sua própria carga de subjetividade. Mas o que importa aqui, na perspectiva do "faça o teu melhor", é que eu sei qual é a minha referência. A barra é colocada por mim, não necessariamente pelas outras pessoas.

Portanto, sabendo que eu não a alcancei, as outras pessoas podem até apreciar, mas eu não ficarei satisfeito. Do contrário, qual é o grande risco que essa situação traz para mim? Eu posso começar a baixar a barra: "No final, deu certo", "Se o pessoal gostou, então está bom".

Embora isso pareça satisfatório como resultado da atividade, vai rebaixando o nível da minha autoexigência. Essa postura é muito perigosa, porque pavimenta o caminho para a acomodação e é um sinal verde para o acolhimento da mediocridade. A partir desse afrouxamento, o risco é eu passar a me contentar com menos em relação ao que poderia apresentar de melhor. Isso pode gerar em mim o hábito de fazer menos, com menos empenho, de modo mais automático, porque, afinal de contas, "deu certo".

Sem contar que essa métrica "flexível" pode ser enganosa. Por exemplo, eu faço uma comida e avalio se as pessoas gostaram pela clássica aferição usada pelas mães mais antigas. "Comeu tudo. Então, se 'rapou o prato', é sinal de que estava bom." Não necessariamente. Muitas vezes o prato parece bom porque a fome era grande e se comeria qualquer coisa. Quando eu faço algo, preciso ver se o prato foi "rapado" porque a comida era de alta qualidade ou porque a fome era tamanha que qualquer alimento serviria.

Na minha atividade, há momentos em que o público está tão sequioso de uma reflexão, está tão ansioso por uma aula, em que se aprecia tanto alguém falando sobre Filosofia, que não necessariamente aquela palestra foi estupenda, a avidez por aquela atividade é que estava grande.

Do mesmo modo que eu já assisti a espetáculos musicais em que o público estava bem mais ansioso para ver o artista do que a própria apresentação, e, portanto, qualquer que fosse o nível da performance, provavelmente ela seria aplaudida.

Sou professor há cinquenta anos. E um dos momentos mais gostosos nesse ofício é chegar em sala de aula com uma disposição imensa e as pessoas também estarem ali com muita vontade de assistir à aula.

Essa coincidência, quando na direção favorável, é muito especial. Mas já aconteceu de eu deixar a sala de aula com a sensação de que naquele dia a sintonia não estava afinada e de que poderia ter sido melhor.

O que fazer em ocasiões assim? Eu posso dizer: "É assim mesmo, num dia se ganha, noutro se perde, mas estou em jogo". Esse é um modo conformado. "Não deu certo, mas tudo bem, numa outra oportunidade dará."

Não! Numa outra oportunidade dará certo se eu for buscar uma condição melhor, se eu for capaz de identificar as limitações que levaram àquele desempenho. É absolutamente necessário que eu pare e faça essa reflexão. Do contrário, corro o risco de ter essa oscilação como padrão.

Daí, em vez de cumprir o meu máximo potencial, me acomodo numa faixa mediana de aceitação, em que um dia o resultado é um pouco melhor, no outro um pouco pior, e assim vou levando.

Nessa hora é preciso ligar o alerta, pois esse é o terreno da mediocridade.

11
Memórias e propósitos

> *"A variedade das nossas emoções torna claro que cada pessoa guarda dentro de si os celeiros do contentamento e do descontentamento"*
>
> **PLUTARCO**
> (46-120), filósofo e historiador grego

NO COMEÇO DESTA década, a humanidade viveu um período que ilustra com clareza como a atitude de fazer o melhor pode ser determinante para o nosso futuro. O que aconteceria se, quando do alastramento mais intenso do coronavírus pelo mundo, a partir de março de 2020, as pessoas dissessem "O que eu posso fazer?" de modo desalentado ou acomodado? Afortunadamente, muita gente decidiu usar a mesma formulação, só que com outra intenção, a de encontrar uma alternativa: "O que eu posso fazer é...". E decidiram partir para a ação, doar tempo, esforço, capacidade, conhecimento.

Com isso, áreas como as de segurança, produção, abastecimento, pesquisa, saúde conseguiram assegurar condições para que o mundo atravessasse aquele período de extrema turbulência e incerteza. Foram pessoas que não se conformaram, que não desistiram. Ainda bem!

No campo da saúde, a nossa saída foi contar com homens e mulheres planeta afora capazes de se apresentarem e dizerem: "Eu farei o que estiver ao meu alcance". E, junto com outras pessoas, eles conseguiram encontrar alternativas. Isto é, não deixaram de fazer o que podia ser feito. Em vez de acreditarem ser impossível encontrar uma vacina eficaz antes de dez anos, foram procurar no contexto daquele momento o que poderia ser feito. Isso permitiu que nós estivéssemos aqui agora. Infelizmente, milhões de pessoas pereceram. Mas, ainda assim, não perecemos todas e todos.

Esse episódio, inclusive, revelou que vivíamos com uma assustadora arrogância. Nós levamos um susto imenso porque imaginávamos deter conhecimento e tecnologia a ponto de nos proteger de ameaças à nossa condição humana. Convém relembrar que o melhor modo de ficar inseguro é achar que se está seguro.

A contribuição dessas pessoas, a disposição de fazer o melhor nas condições existentes as tornam alvo não só de gratidão como de inspiração. Sobretudo por terem feito o que devia ser feito.

A propósito, nas três grandes religiões que têm um livro como referência – o cristianismo, com a Bíblia, o judaísmo, com a Torá, e o islamismo, com o Alcorão –, há narrações que se entrecruzam. As três dizem que, quando nós nos formos (e nós nos iremos), haverá um juízo final. O que me assusta na ideia de juízo final não é ser final, é ser juízo.

Segundo essas religiões, a Divindade vai nos chamar num canto para uma conversa. "E aí, na sua vida, por que você fez o que fez? E por que não fez o que não fez? E, se fez o que fez, como fez? E por que deixou de fazer o que deveria ter feito?"

Independentemente de se ter religião ou não, essa reflexão nos serve como propósito de vida. Por que fizemos e por que deixamos de fazer? E como lidaremos com essas questões ao final da nossa jornada por aqui? Tem gente que só procura as respostas quando não há mais tempo e é invadido por sensações de nostalgia.

Aliás, cautela para não confundir saudade com nostalgia. Uma pessoa saudosa relembra com satisfação momentos vividos: "Ah, como era gostosa a infância", "Como era bom quando nos juntávamos na saída da escola para nos divertir", "Minha avó fazia uma tapioca que era especial".

Saudade é uma lembrança que alegra. Eu, Cortella, tenho saudade de muitas coisas do que vivi na minha infância em Londrina e muita saudade dos tempos em que meus filhos eram crianças.

Já a lembrança que entristece é a nostalgia. Carrega um tom de lamento, de lamúria. "Ah, no meu tempo", "Ah, se eu pudesse", "Isso aqui não é mais como era antigamente", "Aquela época não volta mais."

A palavra "nostalgia" foi cunhada pelo médico suíço Johannes Hofer (1669-1752), em sua dissertação em 1688, para descrever o sofrimento psíquico de soldados em combate diante da impossibilidade de retornarem para casa. Portanto, um estado intenso de melancolia. A palavra "nostalgia" surge da junção de duas expressões do grego antigo: *nóstos*, que significa "volta para casa, reencontro", e *álgos*, que é "dor". Nostalgia é a dor daquilo que não volta. No século XIX, o termo "nostalgia" passou a ser empregado para designar um fenômeno que assolava pessoas que haviam passado por uma amputação. Algumas delas relatavam ainda sentirem dor na parte do corpo retirada, como um braço ou uma perna. Há momentos na vida em que ficamos nostálgicos, ansiando por retornar ao que já se foi.

Convém lembrar que a boa e a má lembrança convivem por serem memórias. E, como tal, podem nos impulsionar ou nos deixar estagnados. Elas vivem num tempo que não existe mais, a não ser na lembrança.

O escritor britânico Rudyard Kipling (1865-1936), autor de histórias como *Mogli, o menino lobo*, tem uma frase lapidar sobre comprometimento: "Jardins não são feitos cantando 'oh, que lindo!' e sentado à sombra". Ela traz a ideia da necessidade de levantar, juntar, agir.

Se tenho clareza de propósito, preciso me comprometer com aquilo. Do contrário, passarei a vida em estado de nostalgia, sempre na lamúria do que é pretérito e um passado que, brincando, se entenderia como "pretérito mais que perfeito"...

O filósofo alemão Martin Heidegger (1889- -1976) tem a definição mais forte de saudade que eu já vi: "A saudade é a agonia da proximidade do distante". Significa que aquilo que está longe de nós (porque já se foi), quando se aproxima, nos dá uma agonia, cuja palavra, no grego antigo, significa "luta", "esforço", "combate". Nós lutamos para viver. E viver traz agonias.

O que faz com que a má lembrança se apague é o propósito.

Por exemplo, quem é pai ou mãe, avô ou avó sabe que os primeiros três anos de uma criança são infernais. Você não acha que ela tem hormônios; acha, humoradamente, que ela tem "demônios".

Você não dorme, não consegue descansar, reza por uma bênção que a faça sossegar e dormir. Ao encontrar um pai ou uma mãe mais recente e perguntar qual o melhor presente que gostaria de ganhar, a resposta provavelmente será "dormir".

Eu tenho três filhos, todos já adultos e com filhos e filhas. Mas as minhas lembranças dos momentos em que o Pedro, o André e a Ana Carolina eram crianças me alegram. Não ficaram marcadas as memórias dos momentos de privação de sono, das horas e horas balançando, do corpo cansado, do olho quase fechando. Por quê? Porque o propósito era cuidar, amar, criar uma criança. Isso tira qualquer resquício de fardo desses momentos que, sim, eram desgastantes.

Eu, como mencionei antes, sou professor há cinquenta anos e ainda detesto corrigir provas. Alguns colegas de profissão até se animam porque passaram a contar com a inteligência artificial para auxiliar nessa tarefa. Eu vejo uma dificuldade nesse uso. Por mais que eu não goste de corrigir provas, essa é uma atividade muito significativa para que eu, ensinante, saiba se o aprendente está, de fato, absorvendo o conteúdo. Quando alguém responde algo que perguntei, eu tenho uma medida de como ensinei.

Sim, seria um alívio terceirizar a correção de provas, mas não é possível, considerando que pretendo levar minha aferição a sério. Desse modo, o que me leva a corrigir as provas sem me amargurar é o propósito. Tenho consciência da razão pela qual eu devo fazer aquilo.

Outro exemplo: ao me aproximar dos 70 anos de idade, passei a fazer musculação com regularidade. Gosto? Não. Para ser sincero, detesto. Mas decidi fazer tudo o que estiver ao meu alcance para elevar a minha qualidade de vida. Então, três vezes por semana, sob a orientação amorosa (e, por isso, exigente) de Claudia, com quem sou casado, eu estico elásticos, levanto pesos, cumpro as séries indicadas.

Faço, mas não gosto. Então, por que faço? Porque eu quero cuidar mais da minha saúde, e o propósito é ganhar mais qualidade de vida para conviver mais tempo com as pessoas que amo, filhos e filha, netos e netas.

Propósito é o que faz com que você faça aquilo que você faz, mesmo que aquilo não seja simples nem tão agradável de ser feito.

O escritor estadunidense Mark Twain (1835--1910), autor de obras exemplares como *As aventuras de Tom Sawyer* e *As aventuras de Huckleberry Finn*, tem uma frase lapidar sobre propósito: "Há duas datas importantes na sua vida. O dia em que você nasceu e o dia em que descobre o porquê".

Na minha interpretação, eu só alteraria (sem, obviamente, a pretensão de corrigir Mark Twain), a palavra "descobre", porque transmite a ideia de que esse porquê já estaria pronto, bastaria a pessoa retirar a cobertura. A meu ver, seria mais adequado dizer "o dia em que você constrói o porquê" ou "em que você adquire consciência do porquê".

O meu propósito está atrelado ao modo como eu ganho a vida. E propositadamente uso a expressão "ganhar a vida" na dupla acepção: como sustento e como razão de existir.

12

Nas condições que você tem

"Ainda que as circunstâncias influam sobre o nosso caráter, a vontade pode modificar as circunstâncias a nosso favor"

JOHN STUART MILL
(1806-1873), filósofo e economista inglês

FAZER O MELHOR nas condições que temos. Há quem possa argumentar que tem a intenção de fazer o seu melhor, mas está inserido numa estrutura engessada ou que tem gente acima de si que não tem o mesmo interesse, não está com o mesmo empenho. Ou ainda que precisa lidar com uma chefia tóxica ou com politicagens no ambiente de trabalho.

Como fazer o melhor dentro de um contexto limitador? É preciso ter a compreensão de que a circunstância é episódica, momentânea. O fato de eu indicar as condições de um momento é sinal de que tenho de levá-las em conta, mas elas não devem ser indutoras de um comportamento conformista. Não é porque as condições estão assim neste momento que é assim que elas devem e precisam ser.

A ressalva da condição que se tem não é, de modo algum, um incentivo à acomodação e, portanto, à sustentação dessa mesma condição. É a ação para que essa condição se altere, numa elevação de qualidade.

Se tenho uma chefia ou uma estrutura que não é colaborativa, continuo fazendo o meu melhor naquela condição. Mas é preciso enfatizar a última parte da frase, "enquanto não tenho condições melhores para fazer melhor ainda".

E esse "enquanto" é proativo, é uma inclinação, é algo que deve ser buscado. Não é reativo, um "enquanto" no sentido de aguardar, de expectativa. É "enquanto" com sentido de ação.

Sem essa parte final, a ideia "nas condições que se tem" ficaria sempre imobilizada, petrificada. Não, ela não é assim. Ela está assim agora, nessas circunstâncias, mas todo esforço precisa ser despendido para que haja uma elevação, uma melhoria.

Se eu estou numa circunstância desfavorável, há um passo além da intenção, que é a ação. Não se trata de aguardar para que um dia ela venha, mas de ir buscá-la. E, enquanto ela não vem, fazer o melhor naquela condição. De modo algum isso é sinalizador de complacência ou de inação.

Não é uma convocação à inércia, mas ao movimento. As circunstâncias em que se está são provisórias (como são todas as circunstâncias). Elas são o ponto de partida, não o ponto de chegada.

A ação pode abranger e ganhar mais competência para criar uma condição melhor em mim ou me articular com outras pessoas, de maneira que se amplifiquem as forças para mudar aquele contexto.

A proposição de fazer o meu melhor é uma escolha pessoal. O que não é a minha escolha o tempo todo é a circunstância.

Naquilo que a circunstância carrega e no que fui autor, sem dúvida, preciso assumir responsabilidade. Aquilo que as circunstâncias carregam e em que não tenho autoria não pode ser uma fonte de sofrimento para mim.

Tal como escreveu o admirável Paulo Leminski, "Para que cara feia? Na vida ninguém paga meia".

Mas, no que estiver ao meu alcance para tornar a circunstância mais favorável, preciso ser proativo. Ou, como expressou certa vez o escritor irlandês George Bernard Shaw (1856-1950): "Algumas pessoas veem as coisas como são e dizem 'Por quê?'. Eu sonho com as coisas que nunca foram e digo 'Por que não?'".

A formulação "buscar as melhores condições para fazer melhor ainda" diz respeito a processo, a uma procura por melhores recursos (sejam de tempo, sejam financeiros, de ambiente, de parcerias etc.). De modo algum essa noção deve ser confundida com esperar o momento perfeito para fazer algo.

Claro que é preciso estar em constante avaliação das condições para encontrar a ocasião mais apropriada para empreender uma atividade.

Como refleti em outra parte, isso é diferente de esperar o momento em que todas as condições estarão em perfeito alinhamento para dar início a uma empreitada.

O risco é que sempre um ou outro fator não esteja propício, e, com isso, fica-se adiando indefinidamente o que precisa ser feito. Essa protelação aguardando o momento perfeito é arriscada. Uma coisa é optar por um adiamento para se preparar melhor, outra coisa é ficar aguardando uma conjunção de fatores extremamente favorável, que pode não acontecer.

A ocasião sem problema, sem perturbação não existe. Muitas das ações que precisamos fazer são "apesar disso, apesar daquilo". Do contrário, pode-se cair na procrastinação e na desmobilização.

Tal como lembra Fernando Pessoa, sob o heterônimo de Álvaro de Campos: "Na véspera de não partir nunca, ao menos não há que arrumar malas".

O momento mais adequado é aquele em que as condições estão presentes de forma mais promissora, porém com a consciência de que elas nunca serão ideais.

Um exemplo histórico é o Dia D, marcado pelo desembarque das tropas aliadas na Normandia em 6 de junho de 1944, que resultou na vitória sobre as forças nazistas durante a Segunda Guerra Mundial. O episódio foi uma cartada decisiva para o fim do confronto. O sucesso dessa operação, batizada de Overlord, dependia de uma série de condições meteorológicas. Esperava-se que os ventos estivessem moderados para viabilizar o desembarque de tropas e equipamentos pelo mar, além da maré baixa, que permitiria visualizar as defesas subaquáticas das tropas inimigas. Outra condição desejada era a baixa nebulosidade, a fim de possibilitar as operações aéreas e a aterrissagem mais segura dos paraquedistas.

Algumas previsões meteorológicas dos aliados indicavam que o dia 5 de junho reuniria as condições propícias para o desembarque das tropas. Algumas horas antes do início das atividades, o capitão escocês James Stagg (1900-1975), meteorologista sênior do comando britânico, propôs o adiamento da operação por um dia. Com levantamentos mais acurados, com mais informações coletadas em bases meteorológicas de diferentes lugares, Stagg argumentou que no dia 6 haveria uma janela de aproximadamente oito horas ainda mais favoráveis à operação. Com isso, convenceu o general norte-americano Dwight Eisenhower (1890--1969), comandante supremo das forças aliadas, a postergar a operação para o dia seguinte.

Apesar de o dia ter começado com condições inóspitas, as informações de Stagg estavam corretas e a operação foi bem-sucedida, a ponto de se tornar um marco histórico no século XX. Se decidissem esperar mais, a maré só iria baixar dali a duas semanas e, ainda assim, as condições meteorológicas seriam bastante adversas.

A condição ideal não existia, mas, com competência, informação, estudo e articulação, foi possível aguardar o momento mais adequado para agir melhor diante das circunstâncias. Caso se aguardasse mais, o desfecho da história poderia ter sido outro.

Claramente, quanto mais informações puderem ser reunidas, avaliadas, maiores as chances de uma tomada de decisão acertada.

13

Ai, que preguiça...

> *"Vencer a preguiça é a primeira coisa que a pessoa deve procurar se quiser ser dona do seu destino"*
>
> **THOMAS ATKINSON**
> (1799-1861), escritor inglês

UM DOS ELEMENTOS mais danosos para o comprometimento é a preguiça. O catolicismo romano, em sua origem, aponta os sete pecados capitais, mas até o século XII, no mundo cristão ocidental, a preguiça era considerada o maior deles.

Preguiça não é querer dormir um pouco mais, não é deixar para lavar a louça mais tarde. Essa pouca vontade nos acomete vez ou outra. Preguiça tem a ver com falta de comprometimento. É quando a pessoa cria todas as razões para não fazer o que precisa ser feito: "Ah, agora não posso, depois eu faço", "Outra hora eu vejo isso", "Ah, mas também ninguém me ajuda".

É a procrastinação, deixar algo para depois, por vezes até de modo indefinido. O famoso "ir empurrando com a barriga" até quando for possível.

Há um termo que era muito usado no passado para esse comportamento: "acídia" (depois passou a ser mais comum aparecer grafado como acédia). Trata-se de uma designação para um estado de torpor, de desinteresse, de inação. Considerada um dos sete pecados capitais, a acídia engloba os sentidos de melancolia e de preguiça.

O que é a preguiça? É o desleixo naquilo que se vai fazer. A preguiça é deixar por menos aquilo que precisa ser mais.

Cabe aqui ressalvar que preguiça é diferente do ócio. Como costumo lembrar, ócio não é vagabundagem. Ócio é a condição de ter tempo livre para escolher o que se vai fazer. Por isso, um presidiário ou uma pessoa desempregada não tem ócio.

E é claro que queremos ter ócio, porque desejamos em alguns momentos repousar, descansar.

O escritor Luís de Camões, em *Os lusíadas*, escreveu no nono canto um sinônimo de repousar: refocilar. Significa entrar num modo de pausa, de descanso. Eu já me inspirei nesse termo de Camões para dar título a um texto meu: "Refocilar é preciso". Claro que nele eu não defendo a vagabundagem nem a ausência de atividade. O que defendo é a nossa necessidade de dar pausas às nossas obrigações.

No que diz respeito à preguiça, o escritor paulistano Mário de Andrade (1893-1945) publicou o clássico livro *Macunaíma*. Essa obra, de 1928, trata de uma percepção do que seria a brasilidade, isto é, uma possível índole de ser brasileiro ou brasileira. Com uma narração que sai da Amazônia, Macunaíma é um indígena que, desde criança, apreciava ficar deitado e dizia "Ai, que preguiça...", sem iniciar aquilo que deveria fazer.

Evidentemente, Mário de Andrade, um dos maiores escritores do Modernismo, pretendia chamar a atenção para um lado nosso que, em alguns momentos, pensa: *Ai, que preguiça*, seja para estudar, seja para realizar alguma tarefa, para construir uma obra. A preguiça é um vício interno e, em larga escala, tem que ser vencido com energia.

Há uma passagem magnífica no Evangelho narrado pelos cristãos em que Jesus é procurado pelas irmãs de Lázaro, que pedem ajuda pelo irmão recém-falecido. Na crença cristã, Jesus vai até o local onde está o corpo dele e faz com que volte à vida, dizendo: "Lázaro, sai para fora". Esse imperativo aparece em outra passagem, quando, ao curar um paralítico, ele diz: "Levanta-te e anda!".

Essa é uma das mensagens mais fortes que podemos absorver do cristianismo. "Levanta-te e anda!"

Para quem diz muito "Eu faço o que eu posso..." e tem alguma relação com o mundo cristão, convém lembrar que Jesus falou "Levanta-te e anda!". Ele não falou "Levanta-te e senta mais um pouquinho...", "Levanta-te e dá uma descansada", "Levanta-te e dá uma cochilada...".

A frase é de convocação, "Levanta-te e anda", isto é, "Vá!". Viver a vida tem de ser sem preguiça, pois ela não pode ser desperdiçada ou virar uma coleção de arrependimentos.

O filósofo Agostinho de Hipona (354-430), nascido no que hoje é a Argélia, também conhecido como santo Agostinho, contava uma passagem em que havia dois detentos em uma cela. Um deles ficava o tempo todo desanimado, olhando o solo, o chão da cadeia, enquanto o outro preso procurava vislumbrar, por meio das grades, o sol e a liberdade que almejava buscar.

Um se entregava, desanimava, ao passo que o outro procurava construir a possibilidade. Essa segunda atitude mostra que uma das coisas mais fortes na vida é a esperança.

Sempre que cito a palavra "esperança", gosto de trazer à tona o ensinamento do educador pernambucano Paulo Freire, que dizia que esperança tem de ser do verbo esperançar. Porque há pessoas que têm esperança derivada do verbo esperar. E esperança do verbo esperar não é esperança, é espera. "Ah, eu espero que dê certo", "espero que resolva", "espero que aconteça". Isso não é esperança, é espera.

Esperançar é ir atrás, é buscar, é não desistir, mesmo que as condições estejam adversas.

Nessa hora, aprecio recordar versos da canção "O bêbado e a equilibrista", que inicia com "Caía a tarde feito um viaduto, e um bêbado trajando luto me lembrou Carlitos". Essa canção, do médico e compositor carioca Aldir Blanc (1946-2020), em parceria com o músico mineiro João Bosco, é mais uma pérola da dupla para o cancioneiro brasileiro. Eles a compuseram em 1977, e a obra ficou bastante conhecida no ano seguinte, com a gravação feita por Elis Regina (1945-1982).

Em determinado momento da canção, surge a belíssima expressão criada por Blanc "a esperança equilibrista". O que é a esperança equilibrista? É a nossa esperança que procura se equilibrar entre os nossos desejos e os fatos à nossa volta, entre as nossas aspirações e as condições em que nos encontramos.

A esperança equilibrista é aquela que faz com que você faça o teu melhor nas condições que você tem, enquanto não tem condições melhores para fazer melhor ainda. Significa não se conformar com a situação, não se curvar diante das adversidades. Procurar o caminho – com humildade, dedicação, esmero, capacidade – para fazer com que a vida se eleve.

A esperança é o que nos move. Tanto que um dos maiores dramaturgos de todos os tempos, o romano Terêncio (c. 185 a.C.-c. 159 a.C.), termina uma de suas peças com a frase "Enquanto há vida, há esperança".

Para muitos gregos antigos, a esperança, no entanto, não era vista como algo positivo para a existência humana. Tanto que existe o clássico mito de Pandora, a primeira mulher do mundo que ficou incumbida de guardar uma caixa onde estavam todos os males.

A caixa inicialmente fora entregue a Epimeteu, irmão de Prometeu, para que ele tomasse conta e não deixasse ninguém mexer nela. Epimeteu, no entanto, terceirizou a tarefa e a entregou para Pandora, que, por curiosidade, abriu a caixa, e dela todos os males saíram. Exceto um, porque Pandora fechou a caixa antes: a esperança.

Há quem interprete esse mito com um olhar positivo, no sentido de "que bom que a esperança ficou".

Só que, para parte dos gregos antigos, a esperança era entendida como um mal, porque levava à crença de que existe saída, de que há uma alternativa. Assim, nem tudo estaria fadado, escrito, destinado.

Para os adeptos do estoicismo naquele ambiente, a esperança era vista como um malefício. Uma das linhas do estoicismo traz a ideia de que não se deve sofrer por aquilo que não há como alterar. Aquilo que é, portanto, o inevitável. Se algo está fora da minha ação direta, não pode ser indutor de sofrimento. Deve ser, sim, um invólucro do meu contexto, uma circunstância das minhas ações, mas eu não posso sofrer nem me carregar de culpa por isso.

Considerado um mestre do estoicismo, Sêneca (c. 4 a.C.-c. 65 d.C.) concebia a esperança como produtora de ilusão e, desse modo, também causadora de desconforto e sofrimento.

Eu, Cortella, particularmente não coaduno com essa perspectiva. Não concebo a esperança como uma fonte de sofrimento. Para mim, a esperança tem a ver com energia vital.

A que pode ser vista como fonte de sofrimento é a esperança vazia, sem conteúdo, marcada exclusivamente por um desejo sem base para se tornar real, apenas uma mera expectativa.

Diferentemente de alguns estoicos, eu acho que a esperança é fonte de vida, e não de desespero.

O filósofo alemão Ernst Bloch (1885-1977) escreveu um livro que foi muito importante na minha trajetória, *O princípio esperança*. Nessa obra, Bloch atrela a esperança à capacidade de recusa ao inferno.

Tal como na obra *A divina comédia*, do escritor italiano Dante Alighieri (1265-1321), em que o protagonista busca encontrar Beatriz, a amada que já havia falecido. Levado pelas mãos da personagem Virgílio, Dante precisa atravessar o Inferno e o Purgatório até chegar ao Paraíso, onde Beatriz está. Nessa jornada, a primeira etapa que ele precisa transpor é o submundo, o inferno, cuja porta ostenta a seguinte inscrição: "Abandonai toda esperança, vós que entrais".

Essa frase carrega um simbolismo muito forte; afinal, o que é o inferno senão a ausência de esperança?

O que faz com que tenhamos persistência, resiliência, ímpeto para recusar a mediocridade é justamente cultivarmos a esperança.

14

Posso ter satisfação (ou não)

*"Grande parte do progresso está
na vontade de progredir"*

SÊNECA
(c. 4 a.C.-c. 65 d.C.), filósofo latino

O ESCRITOR E educador mineiro Rubem Alves (1933-2014) fazia uma diferenciação interessante entre otimismo e esperança. Segundo ele, otimismo é quando, sendo primavera do lado de fora da pessoa, nasce a primavera do lado de dentro. Há, desse modo, uma coincidência entre a condição externa e a intenção interna. Já a esperança, de acordo com ele, é quando, mesmo que seja inverno do lado de fora, há o sol de verão brilhando do lado de dentro.

É a esperança que nos impede de nos acomodarmos: "Ah, melhor deixar do jeito que está". Não! A esperança nos ilumina e nos mobiliza em direção àquilo que é mais e melhor.

Essa atitude permite que a vida seja mais fértil e, portanto, mais feliz. A ideia da felicidade está relacionada à nossa capacidade de dizer não ao que parece não ter alternativa. O deserto é um lugar absolutamente inóspito e estéril; ainda assim, o pequeno lagarto, mesmo não podendo apoiar as quatro patas ao mesmo tempo para não ser frito, resiste. Há também a planta que, no ambiente urbano, aparece na rachadura do cimento. São circunstâncias em que a vida insiste em seguir adiante.

E nós o fazemos de vários modos no dia a dia, com a nossa capacidade de juntar as esperanças, no esforço contínuo para não desperdiçar a vida.

Nos anos de 1960 e 1970, meu pai, Antonio, otimista e esperançoso sempre, funcionário de banco, passava até dez horas dirigindo em estradas de terra por cidades do interior do Paraná. Chegava todo empoeirado em casa.

Em vez de amaldiçoar o dia, de xingar, de reclamar, de resmungar por conta do expediente cansativo, a primeira coisa que ele falava ao entrar em casa era: "Olha como eu sou abençoado, hoje o jipe quebrou na estrada e não estava chovendo". Em outra ocasião, ele disse: "Olha como sou bem-aventurado, hoje acabou o combustível e eu estava a menos de dois quilômetros do posto de abastecimento".

Ele não fingia que os problemas não existiam, apenas não admitia ser derrotado por esses problemas duas vezes. A falta de combustível, o motor quebrado não tirariam dele a energia, a esperança, a capacidade de buscar fazer o melhor nas condições que ele tinha. Essa atitude influenciou muito a mim, ao meu irmão mais novo e a minha irmã mais ainda.

Anos mais tarde, essa imagem de meu pai contribuiu para ampliar a minha percepção sobre insatisfação.

Quando se fala em insatisfação, as ideias mais recorrentes são da insatisfação negativa, que é da chateação, do resmungo, do desconforto, da tristeza.

Mas existe a insatisfação positiva, que se manifesta quando se quer mais e melhor. Mais e melhor saúde, mais e melhor afeto, mais e melhor competência, mais e melhor harmonia, mais e melhores condições para uma vida mais justa, mais e melhores esforços para uma sociedade mais igualitária.

Eu, Cortella, carrego a insatisfação positiva, pois quero mais e melhor, mas não quero só para mim, muito menos a qualquer custo. Esse é um princípio norteador.

Eu gosto muito de música, e um dos melhores exemplos de insatisfação positiva são os Rolling Stones. A banda mais longeva do rock está em atividade desde 1962. Seus dois fundadores, o vocalista Mick Jagger e o guitarrista Keith Richards, ambos nascidos em 1943, passaram dos 80 anos de idade. O outro guitarrista, Ron Wood, que entrou na banda em 1975, nasceu em 1947. E o baterista Charlie Watts morreu em 2021, aos 80 anos de idade, em atividade.

Você iria assistir a um show de uma banda de rock em que os músicos são octogenários? Mas se vai, e em larga escala!

Mick Jagger chegou aos 80 anos sem perder o entusiasmo. Canta, dança, corre de um lado para o outro do palco. Na mesma faixa etária, Keith Richards segue empunhando sua guitarra, com expressão típica de quem tem satisfação em fazer o que faz. O que eles têm? Uma insatisfação positiva.

Em 2022, a banda completou sessenta anos de existência. Só para efeito de comparação, os Beatles duraram nove anos. Todos os integrantes dos Beatles, quando a banda se separou, em 1970, tinham menos de 30 anos de idade.

Quando os Stones completaram meio século de atividade, em 2012, o que decidiram fazer para celebrar a data? Se recolherem, cada um ficar descansando no seu canto? Usufruir das benesses da condição financeira na maturidade? Nada disso. Fizeram uma turnê pelo planeta em 2013. Para se prepararem para esse giro pelos continentes, cumpriram uma rotina de oito horas diárias de ensaio, durante um mês, nos Estados Unidos.

Por que uma banda que toca junta há cinco décadas (em 2012) cumpre uma rotina diária de oito horas de ensaio? Porque tem insatisfação positiva.

Quer mais e melhor. É por isso que os Stones são a maior banda de rock da história. É por isso que eles fazem com esmero o que sabem fazer.

A propósito, o nome Rolling Stones veio do título de uma música do cantor e compositor de blues estadunidense Muddy Waters (1913-1983).

Essa canção, "Rolling Stone", de Muddy Waters, foi inspirada em um ditado que diz que pedras rolantes não criam limo (ou musgo, ou lodo, ou mofo). Nesse sentido, a insatisfação positiva vem da necessidade de recusar a mediocridade ou o conforto de ficar estagnado. Nada de, ao final do percurso de vida, mergulhar em arrependimentos sobre o que poderia ter sido!

Trago amiúde como advertência o que, sob o heterônimo de Álvaro de Campos, Fernando Pessoa escreveu no poema "Grandes são os desertos, e tudo é deserto", que traz o perturbador verso: "Comprem chocolates à criança a quem sucedi por erro".

Ele evoca a ideia de que nós, na fase adulta, decepcionamos a criança que um dia fomos. O que mais me assusta nessa formulação poética de Pessoa é a perspectiva de uma vida banal, fútil, inútil, descartável, em vez de uma que conduza à melhor condição de sê-la. Isto é, o risco de nos reduzirmos, de nos apequenarmos, algo que pode acontecer quando nos acomodamos.

No verso seguinte, Pessoa complementa: "E tirem a tabuleta porque amanhã é infinito".

O difícil nessa ideia é o fato de saber que amanhã não é infinito. Afinal, nós não temos todo o tempo do mundo. Nós temos o nosso tempo, que coincide com o nosso tempo de vida. Não temos toda a vida para fazer o que precisa ser feito. Daí o perigo de nos deixarmos dominar pela preguiça, em vez de realizarmos a nossa obra neste mundo.

"Comprem chocolates à criança a quem sucedi por erro."

Eu preciso escapar desse "destino". Não quero me suceder por erro. Quero continuar, seguir, reinventar, recriar. Isso é um propósito de vida.

E imaginar que, num eventual encontro ao final da vida, ela me diga: "Você esperançou, buscou, perseverou, construiu". Seria bem melhor ouvir isso do que "Você foi agraciado com esse mistério estupendo que é a vida e que preguiça você teve, hein?".

15

Pratos em equilíbrio

> *"Quando não somos mais capazes de mudar a situação, nosso desafio é mudar a nós mesmos"*
>
> **VIKTOR FRANKL**
> (1905-1997), psiquiatra austríaco

A VIDA HOJE é mais multifacetada do que era há algumas décadas, o que torna a gestão do cotidiano muito mais desafiadora. Para usar o exemplo do mundo do trabalho, há quarenta ou cinquenta anos, era muito comum uma pessoa cumprir toda a sua trajetória profissional numa única empresa.

Hoje, cuidar da carreira envolve vários esforços, como manutenção da rede de contatos (o chamado *networking*), gestão de conhecimento, mudanças de rota, aprendizado de novas funções, atividades em redes sociais, entre outros. E esse é apenas um dos aspectos do cotidiano das pessoas.

O que inevitavelmente leva à pergunta: é possível fazer o melhor em todos os aspectos que precisam ser administrados na vida contemporânea?

Sim, é possível. Desde que eu entenda o melhor como atitude, e não como exigência externa. Desde que eu não encare como uma cobrança obsessiva pela perfeição.

Reforço este ponto: devo ter isso como referência, como o impulso de ação, como busca de aprimorar as condições no contexto em que estou inserido. Afinal, não há como tudo estar bem, o tempo todo, de todos os modos. Isso significaria contar com uma superpotência que, definitivamente, eu não carrego.

Assim, é muito provável que, nessa multifacetação da vida, alguns aspectos fiquem menos caprichados que outros. Simplesmente porque não há tempo de vida disponível para dar conta de todas as demandas.

Se eu, por exemplo, for seguir todas as recomendações colocadas no campo da saúde, terei de passar quase o dia inteiro fazendo exercícios ou com atenção a todos os detalhes da alimentação. E, nesse caso, outros aspectos da vida serão prescindidos ou negligenciados.

Assim como, se eu passar o tempo todo cuidando apenas do viés profissional, haverá um desequilíbrio nos outros quadrantes da minha vida.

O equilíbrio completo é uma quimera, não tem possibilidade de se concretizar no dia a dia das pessoas. Por isso, é necessário fazer escolhas e definir o que é prioridade.

Num determinado momento, a ênfase pode ser a carreira, o crescimento profissional, e, num período mais à frente, esse aspecto pode ser secundarizado, em nome de uma outra escolha.

Essa ideia de perfeição, do feito por completo, aparece só como energia de movimento, e não como uma realização possível no cotidiano.

Às vezes, algumas pessoas até nos passam a impressão de que dão conta muito bem de todos os lados. Mas, se observarmos mais de perto, essa competência vai até determinado limite ou as lacunas serão maiores do que aparentam ser. Como diz a frase clássica: "de perto, ninguém é normal".

Sempre há um momento em que a fragilidade vem à tona, o que é um sinal da nossa humanidade. Não é um defeito ou um desvio de formação. Contudo, essa limitação não deve servir de pretexto para que, na impossibilidade de fazer algo, se diga apenas "eu não consigo" ou "é impossível dar conta de tudo".

O ponto central é: aquilo que consigo fazer, farei do meu melhor modo. Se eu não consigo cuidar o tempo todo da minha saúde, também não sou incapaz de dedicar parte do meu tempo a essa demanda. E, no tempo disponível a ela, farei o melhor que eu puder. De novo, é a atitude, o melhor como intenção e referência.

Em minha dissertação de mestrado, defendida na Pontifícia Universidade Católica de São Paulo em 1989, depois de alguns anos de dedicação, revisões e alterações, mencionei uma criação do genial escritor gaúcho Luis Fernando Verissimo: "E o revisor, que não conseguia tomar sopa de letrinhas? Ia corrigindo, corrigindo, até que a sopa esfriava". E eu, na epígrafe, acrescentei: "Eu não quis deixar esfriar".

Isto é, aquela dissertação de mestrado apresentada era o que havia de mais completo nas condições que eu tinha, dentro daquele contexto. O perfeccionismo levaria a deixar esfriar a sopa, e não a tomá-la.

Dada a impossibilidade da sua realização, o perfeccionismo pode ser um indutor de sofrimento quando entendido como uma inviabilidade. Por isso, retomo uma ideia, já mencionada em outras obras, sobre a diferença entre sonho e delírio.

Sonho é o desejo factível. O perfeccionismo está próximo do delírio, que é a conclusão de algo no seu modo mais completo; portanto, não factível.

É preciso aproveitar o tempo e não desperdiçar a vida. Deixar a nossa marca, a nossa obra durante a jornada. O poeta alagoano Lêdo Ivo (1924--2012) escreveu que "O que sobra é a obra. O resto soçobra". Soçobrar é um verbo que, em espanhol, descreve o movimento de um barco ao virar de cabeça para baixo e emborcar.

"O que sobra é a obra" diz respeito ao nosso registro na passagem pelo mundo. As nossas marcas impressas naquilo que realizamos, nas relações que cultivamos, no legado que deixamos.

É por aí que medimos a nossa importância. Ser importante não é ser famoso, embora possa haver essa sincronia em alguns casos. Sidarta Gautama, Sócrates, Jesus de Nazaré, Nelson Mandela, Irmã Dulce são exemplos de homens e mulheres que, além de construírem obras que fizeram a vida vibrar, se tornaram conhecidos.

Mas, via de regra, a fama é efêmera, enquanto a importância permanece. Uma pessoa importante é aquela que os outros importam, levam para dentro. Há pessoas na vida que a gente importa e outras que a gente exporta.

Um dos principais pensadores estoicos, o imperador Marco Aurélio (121-180), em sua clássica obra *Meditações*, do século II, recomendava não ficar discutindo como deve ser uma boa pessoa, apenas ser uma delas. É interessante essa perspectiva, sobretudo porque são as boas pessoas que nos importam, aquelas que deixam marcas positivas, que partilham, que se empenham em tornar melhor a própria vida e a de quem está junto.

O que importa é ser importante. Isto é, que as pessoas te levem para dentro delas. Eu quero ser importante e ser levado para dentro das pessoas. No dia em que eu me for, gostaria que as pessoas dissessem: "O Cortella faz falta. Seria tão bom se ele estivesse aqui".

Eu me vou. E você também. Mas não quero ir. Eu queria ficar. Mas só há um jeito de ficar: ficando nas outras pessoas.

A grande questão não é quanto vou viver; é claro que isso importa, mas o fundamental é viver bem, é como fazer para que essa jornada não seja pequena, medíocre, tola.

Viver bem não significa viver com desperdício, com luxos, com banalidades. Viver bem é viver na partilha, é viver com o propósito de elevar a própria vida e a das pessoas à nossa volta. Tem a ver com buscar o melhor. Na peça *A mãe*, o dramaturgo alemão Bertolt Brecht (1898-1956) assinalou: "Tema menos a morte e mais a vida insuficiente".

Meu propósito é ser mencionado como alguém que procurou sempre fazer o melhor nas condições que tinha.

Que, ao término dessa jornada, ela tenha sido corajosa, decente e alegre. Jamais medíocre.

valeu!

"Até a morte, tudo é vida"

MIGUEL DE CERVANTES
(1547-1616), romancista espanhol

A IDEIA CENTRAL de uma vida com autoria, isto é, que não seja mera sobrevivência ou submissão às circunstâncias, é muito marcante, mas isso não significa que cada pessoa possa fazê-lo de modo isolado.

Em 1623, o poeta britânico John Donne (1572-1631) iniciou um texto com a ideia de que nenhuma pessoa é uma ilha, e sim que "somos partículas de um continente". Aliás, esse texto termina com a conclusão:

"nunca perguntes por quem os sinos dobram, eles dobram por ti". A expressão "Por quem os sinos dobram?" virou título de uma magnífica obra do escritor estadunidense Ernest Hemingway (1899-1961), lançado em 1940, sobre a Guerra Civil Espanhola.

A ideia de Donne é que nenhuma pessoa é uma ilha. Tudo que afeta outra pessoa me afeta, e tudo que me atinge também atinge outra pessoa. Para Donne, nenhuma pessoa é uma ilha, pois o que afeta um pedaço do continente afeta o conjunto do continente, do qual somos partículas.

Contudo, mesmo que não se consiga sozinha ou sozinho, o esforço individual e a dedicação persistente têm um valor que não se dilui em meio à ação coletiva. Afinal, há coisas que são resultantes, sim, de uma disposição particular da pessoa e, portanto, mérito que precisa acolher.

Em setembro de 2020, durante a pandemia de covid-19, uma jornalista me fez pensar em algo especial durante uma entrevista on-line. Ela me questionou: "Professor, dado que a morte está à nossa volta, vamos falar sobre esse tema. Quando o senhor morrer, ao encontrar Deus, o que quer que

Ele lhe fale?". Evidentemente que ela me elogiou ao supor que seja Deus quem eu vou encontrar num outro plano possível. Mas a pergunta é muito difícil de responder.

Ao me imaginar nesse contato com Deus, ou o nome que tiver – fonte da vida, deusa, deuses, amor, energia –, eu respondi:

— Quero que Ele olhe pra mim e diga: "Valeu, Cortella!".

Essa expressão me veio na suposição de que significasse: "Valeu, Cortella! Eu te entreguei um mistério, uma dádiva, um dom, e você procurou não desperdiçar com tolice, com inveja, com petulância, arrogância. Você várias vezes foi petulante, várias vezes foi invejoso, várias vezes foi medíocre, mas lutou para se afastar desses apequenamentos".

Por isso, a ideia de "valeu" está conectada com a de que "tudo vale a pena se a alma não é pequena". Expressa o princípio de que a vida tem valor. Não no sentido de exclusividade. Embora eu seja único no Universo, eu não sou o único. Essa minha unicidade como indivíduo faz com que eu seja uma pessoa entre outras tantas.

Nós temos conseguido viver mais, mas precisamos viver bem. E esse viver bem se dá quando elevamos a nossa vida ao procurarmos fazer o nosso melhor nas condições que temos.

Não sou espírita, mas tenho muita admiração pelo médium mineiro Chico Xavier (1910-2002), uma pessoa especial, que passou boa parte da vida tentando cuidar dos outros, ajudando as pessoas a enfrentarem nossa maior dor, que é a presença da ausência. E tenho apreço por uma frase captada por ele, que diz: "Embora ninguém possa voltar atrás e fazer um novo começo, qualquer pessoa pode começar agora a fazer um novo fim".

A vida, eu disse antes, recuperando o título do livro de 1962 escrito por Umberto Eco, é uma obra aberta.

É possível seguir por ela de vários modos, mas, para ter o gosto do "Valeu!", é necessário fazer o teu melhor, com as condições que você tem, enquanto não tem condições melhores de fazer melhor ainda.

Para que a obra seja boa, para que a alma seja grande e a vida tenha imenso valor. Para que seja boa.

A propósito, em religiões originárias no antigo Oriente, de base criacionista, há relatos de que a Divindade, ao contemplar o Universo que houvera criado, "viu que era bom".

Que seja bom para todos e todas! E melhor ainda!

**Acreditamos
nos livros**

Este livro foi composto em Circular e impresso pela Gráfica Santa Marta para a Editora Planeta do Brasil em julho de 2025.